Pensez
Gérez
Gagnez

Daniel Sévigny

Pensez Gérez Gagnez

Éditions de Mortagne

Édition
Les Éditions de Mortagne
Case postale 116
Boucherville (Québec)
J4B 5E6

Distribution
Tél.: (450) 641-2387
Télec.: (450) 655-6092
email: edm@editionsdemortagne.qc.ca

Dépôt légal
Bibliothèque nationale du Canada
Bibliothèque nationale du Québec
Bibliothèque Nationale de France
3e trimestre 1995

ISBN: 2-89074-829-4

8 9 10 – 95 – 05 04 03

Imprimé au Canada

Je dédie ce livre à

____

pour que l'étincelle qui sommeille

devienne un brasier.

Table des matières

Je pense...

Pensez...

Grains de sagesse

Surveillez vos pensées,
Elles deviennent des mots.
Surveillez vos mots,
Ils deviennent des actions.
Surveillez vos actions,
Elles deviennent des habitudes;
Surveillez vos habitudes,
Elles deviennent votre caractère.
Surveillez votre caractère,
Il devient votre destin.

Frank Outlaw

Notre présent n'est que le résultat

de nos pensées

Toutes les pensées sont nos énergies uniques

Chacun de nous est libre de ses pensées. C'est par ce merveilleux pouvoir que se crée toute chose. Ce n'est pas en pensant au passé que vous allez bâtir votre futur quand celui-ci deviendra votre présent.

Vous devez retenir que chaque pensée prend une seconde à faire le tour de la terre et vous revient avec la même énergie. Parce que chacune d'elles est un émetteur d'énergie, elle influence sur son passage l'ensemble de la terre. Notre mécanisme de pensée demande une surveillance constante afin qu'il soit régi par un contrôle parfait, dont la perfection ne dépend que de l'entraînement.

Les vibrations énergétiques émises sont la réplique exacte de nos pensées. En véhiculant des pensées d'amour, de bonheur, de sérénité, objectives, etc., c'est le fruit énergétique qui se dégagera de vous. Par contre, l'effet contraire est aussi vrai. En s'obstinant à entretenir des pensées négatives telles que l'inquiétude, la haine, le ressentiment et autres idées noires, vous reflétez l'indésirable.

Regardez dans votre entourage et vous ferez vite une sélection des gens optimistes et négatifs, même si vous ne les connaissez pas beaucoup. Déjà leurs vibrations vous permettent de vous faire une opinion.

Avez-vous remarqué comme on se sent bien dans l'entourage de personnes optimistes? C'est dû à leurs vibrations. On s'éloigne inconsciemment de la catégorie contraire, et si on avait le choix, on l'éviterait.

Souvent, ce sont des gens d'une belle apparence, dotés d'une forte personnalité. Ce qu'ils dégagent est loin d'attirer l'ensemble des personnes, pourquoi? Inconsciemment, les gens optimistes évitent ce genre de personnes. Si, pour certaines raisons, vous devez obligatoirement les côtoyer sur le plan familial ou professionnel, après votre rencontre, leurs vibrations ont déteint sur vous. Pendant quelques minutes ou quelques heures, selon le contrôle que vous exercez sur vos pensées, vous vivez des réactions négatives.

À moins que vous-même soyez du même type de tempérament, soit critique, toujours mécontent de tout et de rien, aimant mieux hisser son mécanisme de pensée aux gouvernes de l'insouciance plutôt que de faire l'effort de bien le contrôler afin de s'assurer d'une bonne gestion.Selon des statistiques précises, nous véhiculons plus de 38 800 pensées par jour. La gestion d'autant de pensées est un sport qui demande un entraînement continuel, c'est-à-dire une surveillance permanente, autant que possible, de ses pensées.

La personne qui contrôle son mécanisme de pensée et qui s'efforce d'entretenir d'une façon constante sa bonne gestion, émet des vibrations bienveillantes. Tout son être est comme un rayon de soleil dans la vie.

Bien dans sa peau, elle est calme, sereine, détendue, même lors de situations troublantes. Elle garde un contrôle parfait de ses pensées, unilatéralement, de ses énergies vibratoires. Vous connaissez sûrement plusieurs personnes de ce type. Sinon, remettez-vous en question! Pourquoi n'attireriez et ne fréquenteriez-vous pas seulement ou presque exclusivement ce genre de personnes?

Peut-être n'avez-vous jamais réellement pris conscience que vous étiez du groupe qui ignore ou qui oublie de gérer ses pensées? Résultat, vous attirez et vous êtes attiré par des gens tels que vous.

Les pensées collectives

La collectivité, c'est un bataillon
de forces énergétiques, une puissance

Souvent, l'effet boule de neige se véhicule au sein d'un groupe. Exemple, une rumeur circule : une entreprise est en difficulté financière et la fermeture est probable. En moins de deux, tout le personnel dramatise la situation, s'imagine le pire, se retrouve au chômage avec toutes les conséquences : retrouver un autre emploi, subir une perte de revenus, vivre dans l'insécurité, etc.

Tant et aussi longtemps que la rumeur n'est pas démentie, tout le monde pense, parle et vibre négativement. En plus de vivre sous l'emprise des angoisses, de la panique et des inquiétudes, qui sont aussi des vibrations négatives.

Si, au contraire, le même groupe de gens avait pensé différemment, et, malgré cette rumeur de fermeture, avait gardé une pensée confiante et certaine que leur emploi n'était pas menacé, si ces personnes s'étaient assurées de ne véhiculer que des conversations objectives en évitant toute pensée négative, ensemble, si elles avaient pensé **solution**, elles auraient sauvé leur emploi et l'entreprise vivrait encore.

Gérer du négativisme est plus facile. Depuis toujours, le nombre d'adeptes dépasse l'imagination.

Avez-vous remarqué que la pensée négative a autant de force que la pensée constructive? Je dirais plus encore, parce qu'elle ne demande aucun effort. C'est naturel à l'homme de penser ainsi.

Souvent, les gens disent : ma maison ou un autre bien ne se vend pas, j'ai appliqué pourtant toutes les techniques enseignées. Je leur demande : «Êtes-vous certain que votre conjoint veut aussi vendre?» Il a accepté en apparence cette transaction, mais dans son for intérieur, qu'en est-il?

L'opération sera retardée jusqu'au jour où il consentira à cette vente. Le mécanisme de pensée change, les vibrations sont transmutées, la vente se fait.

Dans une démarche solitaire, la réussite est certaine si les pensées sont bien contrôlées sur le sujet. Lorsqu'il y a un partenaire ou un groupe impliqué, tous doivent viser le même objectif. Je ne sais pas qui a dit : *L'union fait la force*. Il avait bien raison. L'union n'est pas seulement en nombre physique de personnes, mais aussi en présence psychique.Une récession survient, pourquoi? Parce que les médias s'acharnent tous les jours à véhiculer cette idée sans réfléchir aux conséquences désastreuses de ces informations. Ils créent un climat d'insécurité sociale à un point tel que cette situation est dramatique et que des milliers de personnes sont victimes de cette récession économique.

Heureusement pour la société : il y a des milliers d'autres personnes qui s'y sont opposées. Avec force et courage, elles contrôlent non seulement leur portefeuille financier, mais elles gardent également des pensées objectives. Ces gens ont vécu ce malaise social avec un résultat : LA RÉUSSITE.

La pensée crée, c'est une énergie. Analysez certaines situations de votre vécu. Parfois, vous avez été gagnant d'une situation parce que vous avez maîtrisé parfaitement votre mécanisme de pensée. Ignorant de sa grande puissance, vous vous êtes quelquefois laissé dominer par les événements. D'un laisser-aller naturel, vous avez subi la situation en omettant d'utiliser vos forces de la pensée. Résultat : DÉCEPTION.

Même sans aucune connaissance, il est naturel pour l'homme de savoir que ce mécanisme existe et qu'il est puissant. Par ignorance, il n'entretient pas cette faculté. Il vit un laisser-aller sans conditions, prêt à subir les influences du partenariat ou du social.

Le jour où l'on prend conscience que tout commence par LA PENSÉE, l'entraînement peut débuter afin d'expérimenter jusqu'où va cette puissance. Avec émerveillement, vous constaterez toute sa PUISSANCE. Vous ne résisterez pas à fournir les efforts pour voir se concrétiser les résultats impressionnants dans votre vie.

LA PENSÉE MAÎTRISE TOUT

La santé physique et psychologique, la vie affective, les réussites. Quand je dis RÉUSSITES, ce sont toutes les réussites : familiales, relationnelles, financières, scolaires, universitaires, sportives, etc. Cela ne dépend que de vous. Le «vous» n'est pas exclusivement la personne physique, c'est aussi le «vous» intérieur: «LA PENSÉE».

Certains diront qu'ils sont trop vieux pour changer, d'autres objecteront qu'à cause de leur milieu familial, c'est impossible parce que depuis leur tendre enfance, ils ont évolué dans un milieu négatif où cette vibration était la reine.

C'est un choix. Voulez-vous changer, oui ou non? Si c'est oui, l'âge et le milieu n'ont rien à y voir. Vous seul avez le pouvoir de cette décision.

Lorsque vous comprendrez que l'effort investi dans votre démarche pour changer sera une récompense extraordinaire, vous n'hésiterez plus. Éliminez les vieux patrons ancrés dans votre subconscient, qui méritent d'être balayés parce que votre vie en dépend.

Changer sa pensée, c'est changer l'homme.

Le prix, c'est l'effort. Préférez-vous continuer votre vie dans l'échec et le malheur? Maintenant, une seule décision de votre part et vous serez désormais sur la voie de la réussite. La vie que vous avez toujours rêvée, mais que vous avez subie au lieu de la gérer, dépend de LA décision.

Pourquoi continuer à vivre en vous laissant porter par les événements, quand maintenant vous savez que tout est de votre propre responsabilité?

Vous aimeriez sûrement dire : «Oui, je sais, mais moi je ne suis pas assez intelligent, je n'ai jamais eu de chance, je ne suis pas instruit, mes parents sont divorcés, mon père ou ma mère est alcoolique et peut-être toxicomane, mon milieu n'est pas favorable à une telle démarche, ma santé est...», et j'en passe.

Bravo! La brochette d'excuses est parfaite. Voulez-vous continuer à subir la vie sans croire que peut-être la solution existe en VOUS? Sans même fournir un petit effort, déjà vous acceptez la défaite et vous dites non au succès.

Vous croyez que je souscris à ce genre de réflexions, et bien oui. Je trouve regrettable et dommage qu'une personne ne se donne pas la CHANCE de réussir. J'ai compris que ma mission n'était pas de changer le monde, mais bien de livrer un message d'espoir et de réussite avec des techniques garanties. Des milliers de personnes ont prouvé qu'elles avaient fait leur premier pas en changeant leurs pensées, et leur vie est en parallèle avec leurs convictions; ELLES PENSENT.

Ceux qui disent NON à leur évolution répètent le plus souvent : «Je n'ai pas de chance» ou encore «Quand la chance est passée, je n'étais pas là». Dans leurs pensées obscures, ils ne pouvaient pas voir cette chance. Durant leur vie, je suis convaincu qu'ils ont reçu une information pour les inviter à changer leurs pensées. Ils ont fait la sourde oreille. Ils ne comprennent pas qu'encore une fois madame LA CHANCE leur offrait une opportunité. Ils la laissent s'évanouir une fois de plus sans même se poser une seule question.

L'Être Suprême est juste. Chacun de nous, à notre arrivée sur terre, avions notre petit sac de chance dans notre bagage de personnalité, qui sont nos qualités, nos dons et aussi une certaine quantité de défauts qui fait le juste équilibre de l'être humain et qui permet à chacun de travailler sur sa personne.

Ceux qui se disent NON présentent un défaut prédominant dans leur personnalité : LA PARESSE. Ils préfèrent ne rien faire, comme ça, ils ont la belle excuse. Dans leur for intérieur, ils savent qu'il y a un minimum d'efforts à fournir. Comme l'effort demande une dose de courage et de volonté, il vaut mieux, pensent-ils, continuer ainsi dans l'ignorance de ses possibilités plutôt qu'imaginer une grande réussite au prix de l'effort.

En réfléchissant, vous vous demandez si on peut, par nos pensées, changer notre conjoint, nos enfants, nos parents ou amis : oui! Pour cela, il faut qu'au départ, la gestion de vos pensées soit déjà une force motrice dans votre vie. En maîtrisant votre mécanisme, vous arriverez à influencer votre entourage. Des centaines de fois on m'a dit : *Mon conjoint n'est plus le même, les enfants sont beaucoup plus calmes et studieux, ma relation avec ma... est tout à fait différente,* ou encore : *l'ambiance familiale a totalement changé.* C'est seulement dû au changement de la personne qui s'est impliquée, et, inconsciemment, ils ont changé.

Prenons l'exemple d'une maman qui vit sa vie en fonction de sa famille. Elle se dévoue corps et âme pour son conjoint et ses enfants. D'une générosité sans bornes, elle se donne 24 heures sur 24 : cuisine, ménage... Elle pourvoit à l'éducation, s'improvise infirmière, oublie de prendre du temps pour elle. Un jour, sans comprendre, prise dans l'engrenage de la routine, elle s'affole, devient frustrée, insupportable. Mari et enfants l'exaspèrent, elle courtise le négatif en permanence et CRAC, elle n'arrive plus à avoir la maîtrise d'elle-même.

Cette situation entraîne bien souvent des disputes, querelles, discordes pour en arriver à une séparation. Elle se dit et croit être la femme la plus malheureuse. Elle pleure sur elle-même, blâme tout le monde. Pendant des années, elle s'est occupée de tout et de chacun, elle a géré le budget, la maison, les études et plus encore, mais elle a oublié de gérer sa vie et ses pensées.

Comment pensait-elle? Elle ne voyait que l'aspect négatif des situations de vie, se disant que c'est par AMOUR qu'elle se sacrifie. On n'aime pas par dévotion du sacrifice. Aimer, c'est se donner et c'est GRATUIT. Si elle avait vraiment aimé, elle aurait commencé par elle-même.

À tout problème il y a une solution. Le jour où madame saisira SA chance, celle que l'Univers lui présentera, pour découvrir que tout est régi dans la pensée, elle pourra changer sa situation de vie en commençant par le début : APPRENDRE À PENSER. Ne veut-elle pas le bonheur de tous? Évidemment, si elle était honnête dans ses sentiments envers les autres, elle accepterait et ferait l'effort de corriger sa manière de penser.

L'exemple exposé s'applique à tous les niveaux : relations amicales, patronales, collègues de travail, coéquipiers d'une société ou d'une activité sportive...

Que pensez-vous d'eux? «Ils ne m'aiment pas, ils sont jaloux, ils me critiquent», et plus encore. Vous croyez ces hypothèses? C'est donc ce que vous pensez. Rectifiez votre façon de penser envers eux, imaginez qu'ils vous aiment, vous apprécient, vous admirent, et vous constaterez très vite une grande différence.

Quelquefois, une incompatibilité de caractère survient. C'est normal, les êtres humains ne sont pas identiques. Apprenez à les ACCEPTER en pensée sincère, ARRÊTEZ de les juger, APPRENEZ à les aimer tels qu'ils sont. Je sais qu'il est difficile au début d'oser croire que par la pensée on modifie l'esprit tordu de certaines personnes. Vous croyez que c'est un tour de force irréalisable, car ils pensent comme ceci, comme cela.

Ne vous préoccupez pas de transformer leur façon de penser, occupez-vous, VOUS, de corriger la vôtre. Les résultats seront impressionnants. Si vous échouez avec certaines personnes parce qu'elles ne se transforment pas envers vous, vous aurez quand même gagné. En véhiculant des pensées pures, d'amour, de paix, elles vous seront indifférentes et le malaise que ces relations vous faisaient vivre sera remplacé par des ondes de pensées euphoriques.

Le bonheur, ça commence en pensée

Une maladie importante de notre planète réside dans les questions : «Que vont-ils dire? Que vont-ils penser?» La terre est peuplée de deux mondes : les constructifs et les négatifs, les bons et les méchants, les honnêtes et les vicieux. Il ne faut pas croire et s'illusionner, parce que vous modifiez votre manière de penser, que, du jour au lendemain, toute la planète sera transformée : c'est rêver en couleur!

Soignons-nous nous-mêmes, laissons les autres s'occuper d'eux-mêmes. Aujourd'hui, il s'agit de votre propre prise en charge. Occupez-vous de l'excellente gestion de votre mécanisme et vous récolterez les résultats espérés, c'est-à-dire : LA PAIX INTÉRIEURE.

Se guérir par la pensée

Le miracle d'une guérison,
c'est des pensées de santé

Contrairement à ce que l'on croit, ce n'est pas le cerveau qui crée la pensée. Le cerveau ne fait que permettre à la pensée d'être captée. Il a été conçu par l'Être Suprême uniquement en vue de capter les pensées venant de l'esprit de notre être, de les transformer en électricité, de les amplifier et de les propager à travers tout le corps.

Le cerveau se branche sur les différentes fréquences de pensée. Pour cela, le cerveau est doté d'une très puissante commande, la glande hypophyse. Le corps pituitaire situé entre les hémisphères droit et gauche du cerveau active les différentes parties afin de capter toutes les fréquences de pensée.

La plus grande richesse de l'être humain n'est pas les cinq sens : la vue, l'ouïe, l'odorat, le goût et le toucher, c'est le mécanisme de PENSÉE.

En évoluant dans les sphères supérieures, transcendant dans différents corps et différentes formes de vie, le but est d'atteindre la perfection de l'esprit, la PENSÉE.

Avec l'évolution des temps et toutes les connaissances acquises sur la «vie après la mort», il faut admettre que cette éternité non seulement existe, mais que nous la vivrons avec l'esprit de la pensée.

Conscient de cette conclusion à notre évolution, pourquoi ne paierais-je pas le prix de l'effort pour améliorer ma qualité de penser? Que de merveilles réaliseriez-vous en étant conscient de cette grande force qui vous habite depuis toujours!

Comment réagiriez-vous après un bref examen médical si votre médecin vous disait : *Nous allons faire une série de tests afin de confirmer votre état de santé.* La gorge remplie d'émotions et d'inquiétudes, vous rétorqueriez : *Docteur, selon vous, qu'est-ce que j'ai? — Sans vouloir vous inquiéter inutilement, cela ressemble à un début d'infection, je ne peux me prononcer tant que je n'aurai pas les résultats en main. Il faudra attendre environ deux semaines. Alors, je vous verrai dans une quinzaine, prenez immédiatement votre rendez-vous avec ma secrétaire.*

Dans l'attente d'une confirmation médicale, vous nourrissez-vous de pensées, d'angoisses, de peurs, d'inquiétudes, de tristesse, etc? Sans vous en rendre compte, par vos pensées, vous nourrissez votre infection qui pourrait se développer en maladie grave. Par le fait même, vous activez l'évolution des cellules infectées, et plus elles sont nombreuses dans votre organisme, plus l'emprise sur votre système immunitaire sera forte jusqu'à perdre le contrôle de vos forces vitales. La maladie aura gagné un candidat de plus.

J'ai vécu cette bataille, je vous comprends très bien. Rassurez-vous, la possibilité existe de gagner cette guerre microbiologique d'un virus appelé : maladie X.

Il y a quelques années, au début du mois d'octobre, à mon réveil, je constate que je suis aveugle de l'œil gauche. Je panique, bien sûr, je cours vite à la clinique médicale pour avoir le diagnostic du médecin. Il m'annonce que ce n'est rien de grave, que je fais une simple infection ou plus précisément une légère infection. Il me prescrit des gouttes en me disant de ne pas m'inquiéter. À la question de savoir combien de temps il faudra au médicament pour agir avant que je retrouve la vue, il m'informe d'un délai de deux semaines au maximum. Je retourne chez moi, confiant, après avoir acheté ce médicament à la pharmacie.

Le seul symptôme était l'obscurité totale de l'œil gauche. La douleur était inexistante. Une dizaine de jours plus tard, la douleur s'installait avec conviction autour de l'orbite, et elle persistait.

Sur les recommandations de mon entourage, je décide de consulter un autre médecin pour avoir un deuxième avis médical. Après quelques instants, il m'enjoint de me rendre à l'urgence de l'hôpital le plus proche. Durant mon déplacement, il téléphonerait immédiatement à l'ophtalmologiste de garde afin de gagner du temps.

Sans aucune autre information, je quitte son cabinet en direction de l'hôpital, il était environ 20h. Arrivé sur les lieux, il y avait trois spécialistes qui renvoyaient de questions en questions, d'examens en examens. Cette course aux questions et aux examens dura 18 heures consécutives, sans savoir exactement ce que j'avais.

Une chose certaine : c'était TRÈS GRAVE. On m'avait confirmé que les yeux étaient deux organes indépendants et que l'œil droit était hors de danger. On me donna congé parce que c'était le samedi et que tous les centres d'analyses étaient fermés. Je devais donc revenir le lundi matin rencontrer le docteur M. de Montréal, le plus grand ophtalmologiste.

Mêmes questions, mêmes types d'examens. Il ne pouvait pas se prononcer avant d'avoir reçu les expertises du laboratoire. Avant de quitter le cabinet, il m'annonce une hospitalisation d'urgence dans les prochains jours.

Le mercredi à 16h30, une secrétaire de l'hôpital me téléphone : *Monsieur Sévigny, soyez à l'hôpital ce soir avant 19h, et à l'heure précise.*

Du vendredi soir au mercredi 19h, tout s'est passé tellement vite que je n'ai pas eu le temps de me laisser envahir par les angoisses. J'avais réalisé que c'était très grave. Jusqu'à quel degré cette étrange maladie empruntait sur ma vie des droits non autorisés? J'ai gardé mon contrôle de penser, convaincu que j'avais l'emprise énergétique de mes pensées sur la maladie ou sur la cause inconnue de cette situation.

À 21h30, le rythme effréné de ma vie s'arrête, dans une chambre d'hôpital, face à l'inconnu. J'ai vécu avec cet inconnu durant treize jours. Le GRAND-TRICHEUR, celui qui cherche à prendre le contrôle de mes pensées et à les rendre négatives, était au rendez-vous. Nous avons mené une guerre de treize jours. Les angoisses étaient l'arme destructrice de mon esprit. Une épée aux lames d'inquiétude qui vise à trancher l'optimiste à la réalité. J'ai vécu des crises d'angoisses aiguës où la bataille a été dure. J'avais le souffle coupé, des crampes au bas ventre dans une attitude de souffrance.

Heureusement, je reprenais vite la situation en main. Je craignais de me laisser voler le contrôle de ma pensée. J'expérimentais aussi toute l'ampleur démesurée des forces d'attaque du Grand-Tricheur. J'avais plus peur de mes pensées négatives que de cet inconnu.

Par mes pensées constructives, je neutralisais cet inconnu, c'était mon but. Avec difficulté, mais en réussissant à garder la maîtrise à 95 %. Une précision à apporter : je ne prenais aucun sédatif, je refusais même ceux qu'on me proposait pour dormir.

Le treizième jour, deux ophtalmologistes m'annoncent les résultats : peut-être le début d'une tuberculose ou simplement une particule de poussière ou de sable du désert qui se serait logée à l'intérieur de l'œil et qui aurait bloqué l'orifice d'oxygène de celui-ci. De toute façon, mes chances de retrouver la vue étaient très minces et l'opération était obligatoire.

Non seulement l'espoir de réussite était faible, mais les conséquences lourdes : l'œil gauche dilaté ou atteint de strabisme, c'est-à-dire loucher à l'extrême gauche ou à l'extrême droite, et de plus devenir borgne.

Je questionne la spécialiste : *Serait-il possible de loucher comme Barbra Streisand?* (grande vedette américaine de la chanson et du cinéma). Elle me regarde étonnée et me répond catégoriquement par la négative.

Pourquoi m'informai-je sur l'axe de mon œil à la Streisand? Je lui trouve un genre sexy que j'aime beaucoup. Tant qu'à loucher, je préférais choisir un modèle!

Les résultats sont ceux de mes pensées. J'ai vaincu cet inconnu, j'ai mon regard Streisand, je suis borgne.

Je ne pouvais pas guérir cet inconnu. Je pouvais seulement minimiser les dégâts. Au moment où je suis devenu aveugle, il aurait fallu que l'opération se déroule dans les quinze minutes, situation impossible. 95 % de mes pensées étaient axées sur la réussite logique, j'ai gagné.

C'est grâce à l'utilisation du CANAL ÉNERGÉTIQUE que j'y suis arrivé. Actuellement, nombre de personnes ont gagné des batailles magnifiques avec cet inconnu : cancer, céphalée d'Horton, eczéma, psoriasis, allergies et plusieurs autres. Des centaines de personnes ont réalisé l'irréalisable.

Avez-vous remarqué que la science n'a pas encore de solutions médicales pour ces maladies mentionnées? Pourtant, ces personnes ont réussi.

Dans leur cas, les béquilles de la médecine ou un traitement garanti étaient inefficaces. Aucune solution miraculeuse n'avait été découverte pour eux. Pour eux, la béquille était la PENSÉE. Ils ont CHERCHÉ, TROUVÉ et APPLIQUÉ une technique, sachant qu'il n'y avait pas d'autres solutions.

Lachenaie, 1994

Il y a 15 ans, lors d'un voyage à la Barbade, des maux de tête qui m'étaient inconnus se manifestèrent tous les soirs à 19 h. De retour à Montréal, commencèrent les visites chez les médecins et dans les hôpitaux, pour passer des tests de tous genres. Deux années ont passé et on ne découvre aucune anomalie. Les médecins me dirent que c'était du stress.

La douleur quotidienne devint de plus en plus forte, les crises s'amplifièrent, une douleur atroce du côté droit de la tête se fit sentir sans arrêt, jusqu'à la découverte des produits naturels. J'étais comme un maniaque de ces produits. Mes trois repas par jour étaient composés de produits naturels, tout mon entourage m'encourageait à continuer dans ces produits. Les crises persistèrent toujours, malgré des traitements d'acupuncture, d'homéopathie et d'autres médecines douces, qui étaient, à mon avis, dispensés par des charlatans assoiffés d'argent.

Je continuai à souffrir énormément, j'avais très mal. Après la cinquième année et suite au passage de tous les tests possibles, plus rien ne m'arrêta. Lors d'une crise, j'avais mal aux dents. Deux jours après, j'étais chez le dentiste en le suppliant de faire l'extraction de deux molaires. Ensuite, un petit tour chez l'optométriste, puis une visite chez l'O.R.L. Rien, mais rien à faire; j'eus beau me battre, chercher de l'aide, mais qui aurait pu m'aider puisque les médecins ne pouvaient rien eux-mêmes? Un médecin m'a même dit que j'avais une maladie, croyait-il, et que j'allais bientôt mourir. Donc, mes jours étaient comptés.

Lors d'une visite annuelle chez mon dentiste, un Vietnamien, je lui racontai mon problème de maux de tête. Une semaine plus tard, il me téléphona à la maison pour me dire que j'avais probablement ce qu'on appelait «la maladie de Horton». Je commençai donc à faire des recherches de mon côté, et quelques semaines plus tard, tout en zappant, je vis à la télévision un médecin qui parlait de cette maladie récente et presque inconnue. Enfin, quelqu'un savait ce que j'avais! De bons médicaments me furent prescrits et je fus soulagé.

Quelques années passèrent, la maladie était toujours présente. J'augmentai les médicaments car les crises revinrent lentement, de plus en plus fortes. On dut me faire des intraveineuses dans la tête pour me soulager.

Me voilà sur le chemin du découragement, du désespoir, et les paroles d'un médecin me disant que les gens atteints de la maladie de Horton se suicidaient après quelques années de souffrances si terribles...

C'est alors que Jean-Guy, un voisin, m'apporta le livre Gestion de la Pensée. *Ma première réflexion fut : «Un autre livre à cinq cents», mais Jean-Guy ajouta : «André, je vais faire une programmation pour toi» et il me conseilla de lire ce livre.*

La curiosité l'emporta et j'attaquai les premières pages. Après l'avoir lu, je décidai de suivre le cours. À mon tour, je fis des programmations et de légers résultats se firent sentir. Je relus le livre et les notes de cours et, semaine après semaine, j'allai mieux.

Ça marche! C'est efficace car mes crises ont aujourd'hui disparu à 80 %, et je fais toujours des programmations.

À vous tous, laissez-moi vous dire : j'ai connu l'enfer, j'ai été sur ce qu'on appelle «la ligne du sans retour». Aujourd'hui, en décembre 1994, je suis heureux, soulagé de cette maladie chronique.

Merci, Daniel Sévigny, de m'avoir sauvé en me donnant des outils de guérison. Émettre des pensées positives vous donne une nouvelle vie, et c'est la pure vérité.

André Poirier
de Lachenaie

Se fier à la science médicale, c'est normal et très bien. Vous pourriez GUÉRIR beaucoup plus vite en jumelant à la science votre pouvoir de PENSER.

Maintenant, vous êtes en bonne santé. Pour connaître ses facultés d'autoguérison, il ne faut pas attendre d'être face à l'inconnu; c'est maintenant qu'il faut entreprendre une démarche. Le but de cet ouvrage est de vous sensibiliser et non de vous enseigner.

Et vous, vous êtes avec cet inconnu, ou vous pouvez l'identifier. Soyez attentif à vos pensées et nourrissez-vous de PENSÉES DE GUÉRISON, DE SANTÉ, DE BONHEUR, D'AMOUR, DE JOIE, etc.

Vous pensez que c'est une idéologie impossible. Observez comment vous pensez. Vous n'avez rien à perdre, au contraire, saisissez cette chance. D'autres ont réussi des merveilles, faites-vous confiance.

Une fois pour toutes, cessez de vous plaindre de ceci et de cela. Utilisez l'arme gagnante sur l'emprise de votre santé : LA PENSÉE.

Quelle est ma spiritualité?

La spiritualité, c'est la nourriture de l'humanité

Le terme de valeurs spirituelles (spiritualité) ne s'identifie pas à la religiosité. Il s'agit plutôt d'une prise de conscience, de la compréhension qu'il existe quelque chose de bien plus grand que nous, et qui a créé l'Univers et la Vie, et que dans cette création, nous représentons une part importante et bien déterminée qui peut contribuer au développement du tout.

À sa naissance, chacun de nous a reçu de la source l'ÉTINCELLE DIVINE (Elisabeth Kübber-Ross, *La mort est un nouveau soleil*[1].)

---

1. Aux Éditions Québécor.

Cette prise de conscience n'est-elle pas créée par la PENSÉE? Comment vivez-vous votre spiritualité? D'une façon naturelle, avec votre cœur d'enfant dans l'amour inconditionnel ou d'une manière mécanique avec la spontanéité d'un automate qui croit que c'est ÇA la façon de s'élever vers le Père Éternel?

C'est sans doute par ignorance ou à cause d'une éducation religieuse sévère que vous avez évolué dans une soi-disant forme de spiritualité : dans toutes les religions, on parle de prières. Trop souvent la prière est une demande et non une offrande. C'est là, la différence! On prie pour demander ceci ou cela. Lisez dans votre dictionnaire la définition de PRIER et de PRIÈRE.

Cessez de prier pour demander. Priez par amour, avec l'élan de votre cœur. Chaque offrande revient automatiquement sur notre plan. Vos offrandes sont des vibrations créées par vos pensées. Vos pensées étant amour, paix, générosité, etc., les retombées terrestres auront un effet spectaculaire pour l'équilibre de la planète.

On ne peut pas prier sans penser, sinon c'est mécanique, et je n'ose me prononcer sur la valeur réelle des bienfaits de cette forme de prières. Une chose est certaine : en nous concentrant, en réfléchissant, l'intention de nos offrandes ne sera pas la même. L'élévation de vos pensées pures et nobles vous fera découvrir une grande paix intérieure, et vous éviterez une grande partie du pouvoir du GRAND-TRICHEUR sur vous.

En général, on prie quand ça va mal. Le faites-vous quand tout va bien dans votre vie? Sûrement, mais de quelle façon? Probablement mécanique!

Je ne veux pas porter de jugement sur l'éducation de la prière. Depuis des années, je scrute la réaction des gens lorsque j'aborde le sujet et j'en arrive à cette conclusion : on prie pour demander. Le flux de nos pensées qui habitent notre quotidien nous empêche une concentration précise sur l'élévation spirituelle. La demande est remplie de bonnes volontés, mais où est le vrai sens de la spiritualité, synonyme de générosité?

Le Père céleste a créé pour nous les ÉNERGIES à notre portée. On ignore l'unique façon de les utiliser. Ce n'est pas par la prière qu'on négocie avec l'Univers, mais bien avec le procédé de la pensée, en respectant les six règles de base.

J'enseigne et je vous partage une méthode de prière simple, aux intentions honorables. Je vous propose l'OFFRANDE. Je vous invite à donner et non à commander. Je suis très heureux de vous offrir ce merveilleux cadeau aujourd'hui, avec une immense joie dans mon cœur et beaucoup de bonheur dans mon âme, car je sais qu'à partir de maintenant votre vie spirituelle aura un nouveau sens.

Bien entendu, vous pouvez continuer à utiliser les formulations que vous connaissez pour alimenter votre dévotion, et je vous encourage à le faire. En appliquant le mode d'emploi de ma technique, vous réaliserez que votre spiritualité donnera un sens réel à votre vie.

Je vous propose d'utiliser l'ÉQUIVALENT DE, que vous offrez au Dieu de vos croyances, aux saints ou à vos guides, et à toute personne décédée que vous avez connue durant ce plan de vie.

Permettez-moi une remarque : ne soyez pas avare. Je précise : ne faites pas une seule ÉQUIVALENCE pour couvrir la totalité des récipiendaires. Faites des équivalences différentes pour chaque éminence.

Exemple : ***Père céleste, je t'offre toutes les cellules de mon corps en équivalence d'un acte de charité*** (l'acte n'est pas une prière, mais symbolise l'action).

Exemple : ***Pour toi, Seigneur Jésus, que toutes les paroles que je prononce aujourd'hui soient l'équivalence d'un acte d'amour.***

Exemple : ***Pour vous, mes guides, que toutes les gouttes de pluie qui tombent sur ma voiture ou ma maison*** (selon votre imagination) ***soient l'équivalence d'un acte de générosité.***

Exemple : ***Pour toutes les personnes décédées que j'ai connues dans ce plan de vie, que chaque lettre qui sera lue par un lecteur*** (donc vous) ***soit et sera l'équivalence d'un acte de pardon pour la paix sur notre terre.***

Soyez original, voire excentrique dans vos offrandes : toutes les granules de sucre et de farine que j'utilise pour ce gâteau, toutes les gouttes d'eau qui tombent sur moi en prenant ma douche, toutes les particules de poussière que je nettoie, tous les brins de gazon que je coupe avec ma tondeuse.... Vos ÉQUIVALENCES auront la qualité de votre imagination.

Faites vos offrandes avec amour, évitez la routine et le manque de sincérité. Ne faites pas de vos offrandes une litanie qui deviendra l'emprunt de la prière. Faites des offrandes quotidiennes, et souvent au gré de votre imagination.

Respectez les lois de communication entre vous et ce nouveau monde. Le dénouement sera prodigieux et remarquable.

Vivez votre quotidien spirituellement. Vos pensées auront le sens constructif de votre cœur. Vous êtes l'UNIQUE CRÉATEUR de votre vie. Impliquez-vous dans cet entraînement, vous constaterez que le soleil brille de tous ses feux pour illuminer votre intérieur.

Les grandes ÂMES de notre terre, lors de leur passage, priaient avec cet esprit de générosité, sans attente du Père Éternel. Elles ont consacré leur vie à la prière. Elles avaient compris que la prière est une OFFRANDE sincère. L'élévation spirituelle ne veut pas dire sacrifice. Je vous invite à OFFRIR votre existence et non à la sacrifier.

Ensemble, dans la spiritualité, nous allons faire de notre plan de vie une RÉUSSITE.

La vie matérielle

La réalisation du plan matériel se réalise en pensée

Le monde actuel se bat pour le confort et les plaisirs qui se veulent, admettons-le, une forme de bonheur illusoire.

Depuis la tendre enfance, on évolue dans une société de consommation. Cela commence dès le début de notre vie parce qu'il faut étudier pour réussir sa vie, sinon..., on peut toujours courir après la réussite. On évolue dans l'esclavage d'une doctrine de la société : RÉUSSIR, C'EST LE BONHEUR.

Le bonheur n'a rien à voir avec la réussite financière. Le bonheur est un état d'esprit régi par la pensée. Comme depuis toujours on associe la réussite au bonheur, on se bat chaque jour à la course aux études pour, arrivé au terme de ce cheminement, voir les portes de la réussite s'ouvrir enfin toutes grandes vers le chemin de la gloire. ILLUSION!

Les jeunes d'aujourd'hui sont réalistes. L'illusion que nous avons vécue, eux s'y refusent. Ils ne veulent pas bâtir leur avenir sur du rêve mais sur du concret. C'est pour cela qu'aujourd'hui, dans tous les pays du monde, les systèmes d'éducation flanchent. Dans la crise d'adolescence, ils préfèrent DÉCROCHER plutôt que de se laisser manipuler par le système.

Pourquoi tant de jeunes décrochent-ils? Par MANQUE DE CONFIANCE. Manque de confiance à atteindre ce bonheur illusoire. Ils observent leurs parents, la société, et la peur les envahit. Ils se découragent et ils décident devant cette instabilité sociale de s'intégrer dans la société et de subir, malgré tout, les contrecoups de la vie.

Beaucoup d'entre eux décident de trancher court au combat d'illusions. Ils se SUICIDENT, pourquoi? Pour exactement les mêmes raisons, ils n'ont plus confiance en l'avenir. Ils envisagent cette démarche trop lourde pour leurs fragiles notions de la vie. Ils pensent qu'en s'enlevant la vie, ils ont résolu tous leurs problèmes.

Pourquoi dans les écoles, vers onze ou douze ans, ne les informe-t-on pas des conséquences futures d'un esprit suicidé? De nos jours, les jeunes sont très ouverts et curieux sur les autres dimensions. Pourquoi les maintenir dans l'ignorance? Donnons un nouveau sens à leur vie. Eux aussi ont droit à la vérité.

Les informations à ce sujet ne sont pas concrètes; les ministères de l'Éducation ne peuvent admettre une théorie pourtant plausible uniquement sur des hypothèses. Les informations pleuvent dans ce domaine et toutes sont cohérentes. Qu'elles nous viennent d'Amérique, d'Europe ou d'Asie, toutes sont ennoblies d'une même logique.

On enseigne la religion, la morale, alors qu'un atelier sur le suicide développerait leur jugement. Onze et douze ans, c'est loin d'être trop jeune. Chaque année, combien de ces jeunes âmes innocentes s'envolent dans le monde astral, ignorant le prix à payer pour leur évolution?

Je suis souvent en contact avec des adolescents de tous âges. Vous devriez voir comme ils sont réceptifs aux informations. Dans leurs yeux brille cette joie absolue d'avoir appris quelque chose qui les touche : des questions restées sans réponse fondée et qui semaient un doute sur la vérité de l'enseignement moral.

Les bibliothèques sont inondées de livres sur le sujet : LA VIE APRÈS LA MORT. Donnons un sens réel au mot MORT.

Les enfants d'aujourd'hui,
c'est le pouvoir de demain

Grande est la responsabilité de notre société qui éduque ces jeunes. Le résultat de notre futur n'est-il pas entre leurs mains? Dès maintenant, on devrait se soucier sérieusement de ce cheminement. L'avenir serait plus sécurisant pour nous tous. Dans combien de temps nos responsables seront-ils sensibilisés à cette question? J'ose croire que certaines têtes fortes utiliseront leurs pouvoirs de conviction pour améliorer rapidement le système.

Les jeunes aux alentours de la vingtaine vivent toujours cette fameuse REMISE EN QUESTION. Leurs pensées sont en course folle vers un futur peu reluisant. Je généralise, car beaucoup, par éducation familiale, ont pris le contrôle de leurs pensées avec une gestion des plus sérieuses.

Le manque de confiance

C'est toujours le même processus à vingt, trente, quarante ans et à tout âge. La grande cause du désespoir, c'est le MANQUE DE CONFIANCE.

Votre diplôme universitaire ou votre certificat spécialisé ne vous garantit pas d'être accompagné d'une forte dose de confiance en soi. Sans cet élément CLÉ, comment croyez-vous réussir votre vie professionnelle?

Le plan matériel existe, nous y avons droit. Les énergies existent, nous y avons accès aussi. Je vous propose (et je me répète) : **par vos pensées, vous avez le contrôle sur toutes les situations de la vie**.

Comment réagissez-vous et comment pensez-vous dans les situations négatives de la vie? Généralement, on ne pense que PROBLÈME, celui qui existe maintenant. La nourriture de votre esprit conscient est PROBLÈME. Pourquoi ne pas penser SOLUTION? Certaines situations sont impressionnantes en difficultés multiples. Il est très difficile de penser SOLUTION lorsque la situation semble vous dépasser.

Une pensée prend une seconde à faire le tour de la terre et elle nous revient. En pensant PROBLÈME, quand vous en sortirez-vous?

Dans votre entourage, vous connaissez sûrement quelqu'un qui a subi un revers de fortune. Il est resté accroché à ses succès passés, et dans une dépression lamentable, il continue à vivre avec le problème en blâmant associé, société ou autres. Depuis plusieurs années, il véhicule le même film de vie. Quand réagira-t-il? Peut-être jamais. Sa vie s'est arrêtée avec l'échec et depuis ce moment-là, il a décidé inconsciemment de subir la vie et non de VIVRE sa vie.

Vous connaissez certainement quelqu'un qui, après un échec, a repris le bouclier de l'effort en pensant SOLUTION. En vivant avec une vision optimiste du futur, il laisse derrière lui l'échec, sachant qu'il ne peut rien y changer et, avec la garantie de ses pensées, s'assure une nouvelle réussite.

Il aurait pu vivre avec le même patron de pensée, il aurait obtenu le même résultat que l'autre. Il a réagi avec ses énergies à résoudre sa vie et à recommencer. Comment? En PENSANT. Ses pensées sont axées sur **aujourd'hui**, donc sur la solution et non sur l'échec d'hier.

Même en devenant un maître en gestion de pensée, certaines situations de vie sont incontrôlables, car imprévisibles. C'est ce que j'appelle les **INCIDENCES DE LA VIE**.

La mort, la maladie, le feu, le vol, l'agression, les accidents..., chacun de nous en vivons occasionnellement, et c'est normal. Les incidences de la vie sont là pour notre évolution. Nous pouvons subir l'incidence, rester attachés aux malheurs qu'elle nous cause ou encore réagir avec promptitude pour résoudre les problèmes et accepter en pensée les faits. Ainsi, nous continuons à évoluer et à grandir.

Comme nos pensées sont des énergies uniques, la solution est dans l'énergie. Quand vous serez entraîné à utiliser l'énergie de l'Univers, vous aurez tous les éléments pour réussir votre vie selon vos attentes. Encore faut-il savoir penser : cela ne dépend que de vous et de votre entraînement, c'est-à-dire de l'effort que vous apporterez à écouter vos pensées. N'entretenez que des pensées aux vibrations d'amour, de bonheur, de joie, de succès, de santé, de réussite, de paix... Laissez les autres s'évanouir dans le néant. Évitez toute relation en pensée avec les conjonctures négatives. Soyez vigilant, à l'écoute de vous-même, et neutralisez *subito presto* les pensées que le Grand-Tricheur adore véhiculer et dont l'emprise ne peut que détruire.

Je pense, donc je suis

JE GÈRE...

GÉREZ...

La gestion est une énergie

La tenacité : mère d'une bonne gestion

Tout le monde connaît le mot GESTION, surtout appliqué en administration des finances. Dès que le mot gestion est utilisé, on l'associe à l'argent. Ce mot a beaucoup d'autres orientations. Qu'il soit ou non question d'argent, c'est par la pensée que s'impose le vrai principe de GESTION.

Vous croyez peut-être que je vais vous démontrer par des calculs savants comment gérer votre vie. Ce n'est pas par des éléments numériques que le service d'administration du conscient s'exécute. C'est par la PAROLE.

LA PENSÉE CRISTALLISE LA PAROLE

Très peu de personnes sont sensibilisées à cette force. Pourtant, elle est une énergie présente et percutante qui a toujours été en activité depuis le début des temps. Il ne faut pas croire que je vous parle d'une simple banalité. Bien au contraire, je vais vous démontrer avec simplicité l'impact de cette énergie qu'est la PAROLE.

On parle sans réfléchir, on dit n'importe quoi. Dans l'ignorance des forces cosmiques, on s'attire la répercussion du verbe. Jamais vous n'auriez cru qu'un simple mot pouvait faire toute la différence concernant un fait, une situation. Eh bien, oui! Les brides du vocabulaire utilisé dans le langage, avec ou sans réflexion, ont toujours les mêmes conséquences de la force des MOTS. La parole est constituée d'un riche vocabulaire. L'ignorance nous a trop souvent punis; pour cause ou par le mal.

Ce n'est pas dans le mot utilisé qu'il y a du mal, c'est dans la signification de ce mot qu'est la source d'énergie. L'impact est impressionnant, comme une bombe atomique et ses retombées nucléaires.

Ne pensez pas que je veuille créer chez vous un sentiment de «peur bleue» de parler, ou encore vous donner quelques éléments exagérés pour vous angoisser. Ce partage de connaissances est fait pour vous éduquer et surtout pour vous protéger des milliers d'effets secondaires dus à votre façon de parler.

J'aurais préféré aborder ce sujet avec légèreté, mais ma conscience m'empêche de réduire les explications qui sont d'une importance capitale pour vous tous. Le rôle des mots en énergie est tellement magique que d'en connaître ses secrets ne fera qu'augmenter vos chances de réussite. N'est-ce pas ce que vous voulez?

Plusieurs situations auraient été évitées si seulement le communicateur avait su comment énoncer sa pensée. C'est probablement la première fois que vous êtes informé sur le sujet. Impressionnant, me direz-vous. Ce n'est pas tout de connaître une pareille possibilité, maintenant il faut agir : attaquons!

Il y a des clés importantes que vous devez utiliser pour éviter toutes les conséquences des mots.

UTILISATION DU VERBE AU PRÉSENT

Dans chacune des phrases qu'on prononce, il y a un verbe qui caractérise l'idée. Dans la conjugaison, il y a plusieurs temps. En utilisant le plus souvent possible le présent, vous actualisez vos pensées. Vous les rendez vivantes, vous émettez des ondes concrètes dans l'évolution de votre vie. Exemple : en conjuguant au futur, en parlant d'un projet, c'est certain qu'il se réalisera. Mais en présentant votre idée au présent, vous accélérez la réalisation. Soyez assuré du fait d'énergiser au présent les ondes de pensées concernant ce projet; vous éliminerez ainsi beaucoup de négatif, et surtout vous simplifierez la réalisation de l'objectif.

Je dois vous avouer que ce n'est pas facile, mais le défi est grand et l'objectif est noble. Les résultats seront IMPRESSIONNANTS.

Dans la première partie, je vous décrivais la puissance de la pensée, et maintenant je vous parle de l'influence des mots. Les deux sont reliées. Vous ne pouvez pas parler sans réfléchir, sans penser. Si vous le faisiez, votre discours serait sans intérêt et ennuyeux pour vos congénères. Vous avez intérêt à mettre en application l'écoute de votre langage. La langue parlée ou écrite suit les mêmes règles.

Le PRÉSENT concrétise l'énergie de l'idée véhiculée. On peut s'obstiner, se défendre ou se battre, c'est la réalité dans le concret.

Vous êtes-vous déjà écouté parler? Non! Parce que de vous-même, vous auriez été sensibilisé à cette façon étrange dont vous utilisez la parole. Votre déception dans l'analyse de vos conversations aurait été grande. C'est l'information qui ne vous est jamais parvenue qui en est la cause.

Sans vous juger avec sévérité, la prise de conscience aurait marqué votre jugement. INTELLIGENT, vous l'êtes.

Aujourd'hui, vous savez! Comment allez-vous réagir? Simplement en continuant votre lecture avec indifférence, ou, dès MAINTENANT, allez-vous commencer à entraîner ce muscle de la pensée, converti en mots, avec vigilance et assiduité? Personne ne le fera à votre place.

Quand je parle, je m'efforce d'actualiser mon verbe et ma pensée. C'est tout à fait cohérent et personne ne remarque la différence. Je parle avec des mots simples qui reflètent exactement le sens de ma pensée. J'évite tous les éléments de conversation inutiles.

Je me souviens de l'un de mes professeurs qui avait la manie de parler beaucoup pour dire peu de choses. On avait juste à lui poser une question et v'lan! il était parti. On disait entre nous : il aime s'écouter parler. Ce qu'il nous donnait comme explication aurait été beaucoup plus intéressant s'il avait été directement au but. Mais non, chaque fois c'était la même chanson. Il faisait un grand détour avant d'arriver à la conclusion.

Combien de fois fut-il piégé en début de cours lorsque un élève lui posait une question bien souvent hors sujet... En fait, on lui volait du temps sur sa matière.

J'ai connu des avocats qui avaient aussi cette manie. Parler pour ne rien dire... Est-ce une coïncidence ou est-ce le langage de la carrière? Parler pour parler, ça va, mais quand on paye pour une consultation. Il serait préférable que l'échange verbal soit bref et précis.

Avez-vous déjà observé la conversation d'un médecin avec son patient? Il est toujours courtois, poli, bref et précis. La différence, c'est que son taux horaire n'est pas basé sur la même échelle de valeurs. Le médecin assure son salaire sur le nombre de patients. Le temps que le client prend pour obtenir des informations qui ne sont pas toujours en relation avec son problème est facturé quand même. Il serait juste que les explications soient simples et qu'elles atteignent le fond des choses.

Même si c'est pour ne rien dire : que j'aimerais..., je voudrais que..., je leur demande : c'est pour quand? Leur plus grand désir, au lieu de le cristalliser en énergie présente, ils le projettent dans le temps. LE TEMPS EST INDÉFINI.

À l'adolescence, dire : je voudrais que mon partenaire de vie soit comme ceci, comme cela, c'est parfait. Vous aviez quinze ans. À dix-huit ans, dire : que j'aimerais un jour acheter une maison comme celle-là..., c'est logique. Rare sont ceux qui ont acheté une première maison à dix-huit ans. À l'âge de la croissance, c'est acceptable de parler ainsi, mais à l'âge adulte, c'est autre chose.

Il est préférable de dire pour un futur conjoint : je m'engage avec l'homme idéal... ou je m'engage avec la femme idéale, elle est... (ses qualités)..., je trouve une maison magnifique à un prix raisonnable. Avez-vous remarqué le sens logique dans la différence? Sûrement. Le résultat des énergies ira aussi dans le même sens, selon la logique.

MINIMISEZ L'UTILISATION DE CERTAINS VERBES

Personnellement, il y a des verbes que j'ai carrément éliminés de mon langage : ESPÉRER — DÉSIRER — SOUHAITER — VOULOIR.

ESPÉRER : Considérer (ce qu'on désire) comme devant se réaliser (définition du dictionnaire *Micro Robert*).

Quand je dis «j'espère», c'est comme si, en livrant mon idée, j'y semais en même temps un doute. C'est comme s'il y avait un manque de conviction dans mon intention. Je laisse le hasard ou la fatalité prendre mon but en charge. Pour moi, c'est un verbe aux vibrations nébuleuses, qui contredit mes intentions.

Espérer, c'est le reflet d'un manque de confiance dans la projection de mes ambitions. C'est aussi une belle excuse psychologique comme si je reculais derrière un but exposé ouvertement. Avec espérer, je garde toujours ma dignité parce qu'avec ce verbe, je n'assume pas le poids de l'échec ou ma décision de ne pas rendre à terme les élans de mon idéal.

Avec ESPÉRER, c'est comme si je voulais me réserver un droit légitime de manquer de ténacité.

Au lieu d'espérer, moi je RÉALISE, je DÉCIDE, j'OBTIENS, je CONÇOIS, je REÇOIS, j'EXÉCUTE, je PRENDS, je m'ACCOMPLIS.

DÉSIRER : Tendre consciemment vers (ce qu'on aimerait posséder) (définition du dictionnaire *Micro Robert*).

J'ai réalisé que j'avais raison de bannir ce mot de ma condition mentale. Vous savez pourquoi? Dans sa définition, on emploie le conditionnel, ce qui signifie que certaines conditions doivent être remplies.

Encore là, je suis loin d'avoir le contrôle de la situation envisagée..., je désire seulement. Pour moi, c'est un obstacle à mon cheminement dans l'atteinte de mes objectifs. J'ai le pouvoir de réalisation parfaite et exacte de mes intentions. Pourquoi dépendre de certaines conditions quand je peux orienter sans condition les ébauches d'un projet, avec une conclusion GAGNANTE garantie?

Voyez-vous, un seul verbe change le sens et l'orientation de mon objectif. Avec DÉSIRER, je laisse une porte ouverte sur ma détermination, et il y a de fortes chances qu'influencé par mon GRAND-TRICHEUR, je ne mène pas à terme ma démarche. DÉSIRER aura éteint l'illusion d'une ambition.

SOUHAITER : Désirer pour soi ou pour autrui; la possession, la présence de quelqu'un, la réalisation d'un événement (définition du dictionnaire *Micro Robert*).

Je vous souhaite du bonheur, c'est très bien. Parce que ce sont des vœux qui accompagnent un sentiment. Je partage avec vous l'ambition de... et j'énergise ce sentiment en vous l'offrant.

Pour moi, souhaiter est un sentiment de partage, c'est la donation des étincelles de mon cœur.

Comment pourrais-je souhaiter telle chose ou événement pour moi? C'est se désister du pouvoir d'actualiser mes énergies. Je dois toujours garder avec autorité la pleine puissance de mes pensées. En souhaitant, je perds automatiquement cette faculté du contrôle énergétique.

J'annule inconsciemment toutes les vibrations bénéfiques au sujet de ma passion, de mon objectif.

VOULOIR : Avoir la volonté, le désir de (définition du dictionnaire *Micro Robert*).

Depuis mes débuts dans le monde adulte, j'ai toujours prêché que pour réussir, il faut deux éléments : le VOULOIR et le POUVOIR. L'un ne va pas sans l'autre. Avec un bon VOULOIR, si vous n'avez pas le POUVOIR, le résultat sera nul. Avec le POUVOIR, si vous ne faites pas l'effort de VOULOIR, vos attentes seront nulles.

Exemples :

Vous voulez travailler. Le **pouvoir**, c'est l'autorité. Si l'autorité décide, vous aurez du travail.

Vous voulez orienter différemment votre vie affective. Le **pouvoir**, c'est l'autre qui décide. C'est le conjoint actuel qui prend position, ou celui ou celle que vous courtisez.

Vous voulez retrouver la santé parce que vous avez une anomalie physique. C'est la médecine qui a le **pouvoir**.

Vous avez le **pouvoir** de travailler, mais vous êtes d'une nature paresseuse; donc, pas de **vouloir**, pas de travail.

Dans le dernier exemple, le pouvoir c'est vous. Vous avez l'énergie maîtresse de la réussite. Comme il y a toujours un prix à payer, êtes-vous prêt? Oui? Bravo! C'est certain, c'est là le triomphe de vos ambitions.

Quand je dis «je veux», je laisse le choix à l'autre d'une décision, donc le **pouvoir**. Pour moi, le fait de vouloir n'est pas acquis, il y a d'autres alternatives.

Je veux que tu...

Je veux obtenir...

Je veux gagner...

Je veux réaliser...

Je veux...

Si je veux laisser l'autre prendre le pouvoir, alors, je dis: Voulez-vous ou veux-tu... Accompagné d'un sourire, d'un ton doux et de la politesse d'usage. En utilisant cette stratégie, on me laisse le POUVOIR.

Maintenant de retour au PRÉSENT, sujet de l'étude actuelle. Je constate régulièrement que les gens qui vivent une vie perturbée, remplie de problèmes, sont hors du temps présent. Ils vivent dans le passé, en pensées et en paroles, ou ils ESPÈRENT, DÉSIRENT, SOUHAITENT pour demain.

Transformer les habitudes de toute une vie, ce n'est pas un petit travail. C'est un mandat intéressant pour ceux qui expriment un franc désir de RÉUSSITE.

Le tout est de vivre sa vie au présent. C'est aujourd'hui la plus merveilleuse journée, et sur elle j'ai le POUVOIR. Est-ce que je veux? Avec le VOULOIR de vivre au présent ou en oubliant les problèmes d'hier et en évitant les inquiétudes de demain, c'est la victoire.

Je PENSE au présent

Je PARLE au présent

Je VIS au présent

C'EST L'ACTUALITÉ DE MA VIE

Le présent de mes pensées m'a évité beaucoup de situations néfastes. J'actualise l'énergie et la situation problématique s'élimine. Le présent de mes pensées me permet de toujours garder l'attitude calme et sereine que mérite mon entourage. Les gens que je côtoie, et surtout moi, la personne la plus importante.

Le présent de mon verbe renforce l'idéologie des pensées qui m'habitent. Par mon verbe, j'énergise mes vibrations qui sont un baume pour mon environnement, les personnes que je rencontre, ma maison, les endroits où je travaille. Peu importe où je travaille dans le monde. Ce baume énergétique me suit partout où je suis, partout où je passe.

Je vis au présent avec une grande lucidité dans un état d'esprit euphorique. Quand on me demande comment je me sens dans tout mon être, je réponds ceci:

C'est exactement comme quand vous avez consommé deux apéritifs et deux verres de vin (comparable à votre habitude de consommateur). Si quelqu'un vous faisait une caresse, ce serait un peu plus tendre. Si on vous pinçait, cela ferait un peu plus mal, et si on vous racontait une histoire, elle serait un peu ou beaucoup plus drôle.

Moi, je vis ma vie sobrement avec les sensations de l'euphorie. Pour vous aussi c'est possible de vivre heureux dans la réalité. Quand vous aurez vraiment compris que la conjugaison du verbe est une clé vers la réussite. Maintenant que vous avez le POUVOIR, il s'agit de VOULOIR. Vous n'avez plus aucune excuse de blâmer qui ou quoi que ce soit.

LA DÉTERMINATION, C'EST LA VITAMINE DE LA RÉALISATION

La possibilité d'administrer notre vie nous appartient. Vous avez peut-être cru sans doute que depuis toujours, c'était l'affaire des autres. Que vous dépendiez des rouages d'une famille avec ses obligations, d'une société avec ses réglementations ou d'un engrenage social avec ses convictions. Non, cela ne dépend que de votre DÉTERMINATION. C'est un mot qui signifie le PRÉSENT. Il est inimaginable de penser DÉTERMINATION pour demain. Demain, je vivrai avec DÉTERMINATION, si déjà je le fais aujourd'hui.

Il m'est impossible d'être déterminé si mon esprit voyage dans le passé et scrute le lendemain. Des agents négatifs et des inquiétudes vont anéantir ma détermination. Comment pourrais-je vivre une journée avec détermination ayant dans mon esprit conscient le poids de mes peines et malheurs, le fardeau des inquiétudes? IMPOSSIBLE.

On admire un homme qui réussit, on est sécurisé de côtoyer la réussite. Vous avez sans doute observé que les gens à succès sont liés comme les cinq doigts de la main. Ils se regroupent, se fréquentent. C'est qu'ils sont réunis par une énergie commune : la DÉTERMINATION.

Dernièrement, dans un pays d'Europe (je m'abstiens de l'identifier), je négociais avec un monsieur qui m'avait fortement été recommandé comme attaché de presse. À la suite d'une première conversation téléphonique, je lui remis le dossier et la responsabilité de la tournée.

À trois mois et demi de l'événement, je repris contact avec lui. Je me rendis dans son pays afin de l'appuyer dans la préparation du dossier. C'était notre première rencontre. Âgé de soixante-cinq ans, retraité de carrière et en bonne santé, il voulait être utile, et se servir de son expérience et de son bagage de connaissances. Une chose m'insécurisait, son manque de détermination.

Il a réalisé sa vie professionnelle et aujourd'hui il veut simplement vivre une implication légère dans la réalisation d'un projet. Il a le droit de vivre sa retraite heureuse, s'occuper, selon son choix, sans aucune implication du JE.

Il a raison, il peut se permettre de ralentir ses activités loin de la PASSION.

SANS PASSION,
IL N'A PAS DE DÉTERMINATION

Chaque jour, prenons une vitamine de DÉTERMINATION, qui a pour effet secondaire : LE SUCCÈS.

L'énergie négative

Le négatif sous toutes les formes
est un élixir de destruction

Des milliers de personnes s'autodétruisent inconsciemment. Elles se complaisent dans leur malheur. Tout est un drame. Elles n'oseraient croire qu'un jour une lueur d'espoir, un souffle de vie sauront sauver leur état d'âme. Elles se nourrissent constamment des fruits pourris de leurs pensées.

C'est du pur masochisme. Dès leur réveil jusqu'à tard dans la nuit, si elles se refusent tout tranquillisant, elles broient du noir.

Le plus triste dans tout cela, c'est qu'elles sont très malheureuses et qu'elles n'arrivent pas à reprendre le volant de leur vie.

La vie

La vie, c'est comme une voiture.
Vous la conduisez bien
Avec délicatesse.
Elle se manifeste
Quand vous lui faites la vie dure.

Vous êtes le conducteur.
Quand vous prenez le volant
Avec votre cœur
Vous partagez vos plans.
Reflétant l'énergie du bonheur
Vous avez retrouvé votre cœur d'enfant.

Lorsqu'on achète une voiture
On y fait attention.
On conduit prudemment
Sans être trop dur.
On se prive d'émotions
Afin qu'elle reste neuve longtemps.

Daniel Sévigny

La vie, c'est exactement comme cela. Prenez conscience que maintenant c'est vous et VOUS SEUL le conducteur de votre véhicule VIE.

Toutes les vibrations extérieures et intérieures sont interreliées. Tout ce qui se vit à l'extérieur se reflète à l'intérieur. Tout ce qui se passe à l'extérieur déteint à l'intérieur.

Relisez, relisez et relisez. Vous devez imposer ces mots à votre conscient.

NOS PENSÉES SONT DES VIBRATIONS

Toutes les vibrations intérieures sont créées par les pensées. Quelles formes de pensées entretenez-vous? D'angoisses, de peurs, de craintes, d'inquiétudes, de ressentiments...?

Chaque pensée entretenue crée SA propre énergie, SA propre vibration. Dès notre réveil, le processus est enclenché pour chacune de nos pensées. ÉNERGIE — VIBRATION — ÉNERGIE — VIBRATION — ÉNERGIE.

Prenez conscience de la puissance d'une pensée. VOUS PENSEZ. Votre pensée devient VIBRATION. Votre VIBRATION S'EXTÉRIORISE, INFLUENCE VOTRE PERSONNALITÉ. LA VIBRATION VOUS REVIENT APRÈS AVOIR FAIT LE TOUR DE LA TERRE AVEC SON INFLUENCE VIBRATOIRE.

Ce circuit est le même pour les 38 800 pensées qu'on entretient en moyenne par jour. Multipliées par le nombre d'habitants sur la terre. La terre est énergie.

En entraînant le mécanisme de pensée, en commençant petit à petit, vous arriverez à ÉLIMINER les pensées négatives qui habitent votre esprit. Pour chacune d'elles, on recommence la bataille.

J'ai vu des milliers de personnes se prendre en main, changer leur vie presque instantanément. Avec DÉTERMINATION et COURAGE, elles ont commencé leur entraînement. Avec acharnement, elles se sont efforcées de n'entretenir que des pensées heureuses, d'amour, de gaieté, bienveillantes, etc.

Comme on entretient sa voiture avec minutie, notre mécanisme de pensée DEMANDE plus d'attention. Captant continuellement les vibrations extérieures, il exige un contrôle sérieux du rouage de notre esprit.

Réalisant le fonctionnement réel de cet organe, on doit lui donner le plus d'attention possible.

N'avez-vous pas envie de me demander s'il est possible d'avoir un parfait contrôle de son esprit conscient?

Pour être très franc, OUI! Ça vous surprend? J'ai vu cette maîtrise chez beaucoup de gens. De plus en plus, il y en aura. Les gens s'intéressent à la croissance personnelle. À la mesure de leur évolution, ils trouvent la SOURCE de connaissances pouvant les faire cheminer.

Précédemment, je vous racontais que ma vie est EUPHORIQUE. Très souvent, je rencontre des gens me confessant le même état d'esprit. J'ai vu évoluer des milliers de personnes et elles atteignent cette extase.

Plusieurs personnes fréquentent un gymnase pour faire du conditionnement physique. Il faudrait créer des gymnases de la pensée. La pensée est comme un muscle; elle devient de plus en plus forte avec le temps et l'entraînement.

Bientôt, avec un minimum d'entraînement, vous aussi vous serez parmi ceux qui gèrent efficacement leurs pensées.

UNE PENSÉE D'AMOUR

Vous apprenez que votre enfant, votre conjoint ou une personne que vous aimez beaucoup est très malade. Comment réagissez-vous? Vous avez de la peine, vous êtes triste, avec tout l'amour que vous avez en vous pour elle; vous êtes prêt à tout pour lui faire plaisir, pour soulager sa douleur, n'est-ce pas? Finalement, le bonheur revient lorsque sa santé est rétablie.

Votre esprit conscient est peut-être dans un état lamentable actuellement, il est peut-être très malade parce que vous le nourrissez constamment de pensées destructrices. Votre esprit conscient ne mérite-t-il pas que vous l'aimiez? En aimant votre esprit conscient, vous allez commencer à vous aimer. VOUS ÊTES LA PERSONNE LA PLUS IMPORTANTE, AIMEZ-VOUS!

Par amour, vous avez vécu différentes situations, certaines très heureuses, d'autres moins enivrantes. Par amour, vous avez accepté les conséquences de votre décision. Quelle que soit votre évolution, par amour, le prix du sacrifice s'est souvent présenté dans votre vie.

Étant la personne la plus importante et avec le respect que je me dois, l'analyse du QUI SUIS-JE est très importante. Je dois me valoriser et m'identifier à ma vraie IDENTITÉ. Reconnaître mes qualités, mes talents qui font de moi un ÊTRE UNIQUE ET EXCEPTIONNEL.

N'allez pas croire que vous êtes trop vieux ou que vous n'aurez pas le courage de livrer cette bataille. D'autres l'ont fait, pourquoi pas vous? Ayez confiance.

J'ai beaucoup d'admiration pour madame Marie-Éva Prévost d'Amos, au Québec. À quatre-vingt-cinq ans, elle décide de s'inscrire et de s'instruire encore. Elle est la doyenne de *Gestion de la Pensée.*

Coquette, autonome, vigilante, elle veut en savoir plus pour améliorer son esprit conscient, donc son mécanisme de pensée. Je suis convaincu que toute sa vie elle a été en perpétuelle évolution. Elle se grandissait pour partager avec sa famille les secrets de la vie.

Enseignante de carrière, une vie de couple bien remplie, avec des enfants adorables et des petits-enfants tout aussi exceptionnels, elle n'a jamais laissé passer madame La Chance. Elle a toujours saisi l'occasion de transformer sa qualité de vie, sa qualité de pensée.

Les expériences, on les vit. On cumule les succès et les échecs pour progresser, grandir. En travaillant sur son esprit conscient, on évolue en SAGESSE. Une sérénité permanente s'installe et nos vibrations de bonheur deviennent la transparence de notre cœur.

Madame Prévost est un modèle de ténacité; elle courtise tous les jours l'Univers afin de s'abreuver d'énergie pour garder son esprit conscient en éveil aux attaques des pensées négatives.

N'attendez pas d'être rendu au terme de votre vie pour vous décider. Jour après jour, vous transformerez votre mécanisme de pensée par amour pour vous et la sagesse sera l'ami de vos pensées.

Si vous avez de la difficulté à vous aimer, PARDONNEZ-VOUS, ACCEPTEZ vos erreurs passées comme des poussières qui s'envolent de votre tête.

Appréciez vos qualités, reconnaissez l'ÊTRE MERVEILLEUX QUE VOUS ÊTES.

LES ANGOISSES

LE TONIQUE DU STRESS

ANGOISSE : Sentiment d'appréhension, de profondes inquiétudes. Syn. Anxiété. Méd. Forme grave d'anxiété qui s'accompagne de symptômes physiques (constipation, épigastrique, tachycardie, gêne respiratoire, impossibilité de déglutir [avaler], diarrhée), qui est souvent déclenchée par une situation précise et identique chez le même individu (définition du *Micro Robert*).

Une mauvaise nouvelle déclenche l'angoisse. Imprévisible, l'angoisse attaque sournoisement l'esprit et provoque des symptômes physiques. Si vous n'êtes pas préparé à vous défendre des affres de vos pensées, vous allez subir les désagréments physiques d'un oubli. Je sais, il faut être en bonne condition mentale pour reconnaître, dès le début, une attaque d'angoisse.

Comme toute crise prise au début, elle sera vite guérie. La négligence d'être attentif à son esprit retardera la délivrance du malaise. ENTRETENIR ou SUPPRIMER.

En entretenant une crise d'angoisse, la fréquence augmentera rapidement et vous en aurez de plus en plus souvent. SUPPRIMEZ le virus dès le début, les crises étant de faible densité, elles seront vite éliminées.

Une jeune femme de trente-cinq ans me raconta son cauchemar. Depuis plusieurs années, elle vivait des crises aiguës d'angoisse, d'une durée de quatre à cinq heures, et cela tous les jours. Voici donc une conversation avec Héleine (nom fictif)

D.S.	Selon vous, quelle est la cause?
Héleine	Je ne sais pas.
D.S.	Quel est le sujet de vos angoisses?
Héleine	Tout est prétexte à vivre des angoisses. On dirait que j'aime me laisser envahir. Je n'ai aucun contrôle, c'est comme une drogue. Je suis très malheureuse et en même temps j'éprouve un certain plaisir.
D.S.	Qu'avez-vous fait pour vous en sortir?
Héleine	J'ai consulté médecin, psychiatre, psychologue. J'ai suivi différents cours de croissance. Quelquefois, j'ai vécu une certaine amélioration, mais rapidement je retombe dans la catastrophe de mes angoisses.
D.S.	Prenez-vous des médicaments?
Héleine	Je refuse de commencer. J'ai peur de la dépendance. Pouvez-vous faire quelque chose pour moi?
D.S.	Moi, non. Vous, oui.
Héleine	Ça fait des années que je cherche une solution. Que me proposez-vous?

De là, je lui explique brièvement tous les rouages du mécanisme de la pensée. Qu'elle seule peut et doit contrôler ses angoisses. Avec quelques trucs, elle a commencé la bataille. À chacune des rencontres, elle m'avoua que ses crises étaient de moins en moins fréquentes, qu'elle reprenait vite la maîtrise de son esprit. Après quatre semaines (durée des ateliers), elle vivait enfin.

Ses crises occasionnelles n'étaient plus que des étincelles. Elle s'est appliquée à l'entraînement avec attention et application. Sa vie a changé. Aujourd'hui, elle vit heureuse et sa petite famille aussi. Son entraînement lui a servi pour ses angoisses, mais aussi pour tous les dérivés qui en sont la cause.

Un homme me confia que sa vie était un enfer. Il réussissait dans le domaine des affaires, mais sur les autres plans, c'était le désastre. Les angoisses le minaient à un point tel qu'il pensait souvent au suicide.

Je lui ai appris à gérer ses pensées, à s'aimer. Il a accepté la condition *in extremis*. C'est-à-dire l'entraînement de son esprit conscient, l'écoute de ses pensées. Avec discernement et ténacité, il a gagné.

Une dame de Paliseul, en Belgique, m'expliquait que son fils Laurent, âgé de dix-sept ans et bon garçon, la faisait mourir à petit feu.

Elle courtisait l'inimaginable en pensée au sujet de Laurent. Je lui expliquai qu'elle pouvait inconsciemment lui attirer des situations négatives. Malheureuse et obsédée, ses pensées faisaient naître les angoisses, et comme toutes les autres pensées, elles étaient vibrations.

Par ses vibrations, elle éloigne inconsciemment son fils. Par contre, en contrôlant sa vie, elle s'en fera un ami et sera complice de ses joies et de ses peines, de ses succès, enfin, de toute sa vie.

Occupez-vous de vous et faites-lui confiance, dis-je. *Lui, en retour, ne se sentant plus agressé par vos vibrations, sera un TOUT avec vous comme lorsqu'il était petit.*

Les causes extérieures se reflètent à l'intérieur et sont régies par la pensée. Les effets secondaires sont plus que des maux physiques. Ils engendrent un symptôme à la mode aujourd'hui, le STRESS.

LE STRESS

LE SÉDATIF DU BONHEUR

Le stress fait partie de notre vie quotidienne et peu importe les moyens que l'on utilise pour s'en éloigner : il refait toujours surface.

Si le stress mineur est nécessaire pour motiver notre vie personnelle et professionnelle, il devient une cause très importante dans le développement de nombreux problèmes physiques et mentaux.

Une bonne gestion du stress devrait tenir compte du corps autant que de l'esprit. Donc, la maîtrise de techniques psychologiques telles que l'intellectualisation, le raisonnement constructif, etc., et de techniques physiologiques telles que l'autorelaxation, l'exercice, la nutrition, etc., devraient y être incorporées, selon Pierre H. Milot, Ph.D.

Il y a peu de maladies qui ne sont pas imputables au stress. La plupart des thérapeutes naturistes, de même qu'une bonne proportion des médecins traditionnels, s'entendent pour affirmer que le stress est à l'origine de presque toutes les maladies. Qui plus est, il est presque impossible de lui échapper. Hans Selye, un expert en la matière, a dit : *L'absence de stress équivaut à la mort.* Nous pouvons garder ces mots à l'esprit, nous qui voyons trop souvent le caractère négatif du stress. Un peu de stress fournit l'énergie nécessaire pour accomplir mille choses inhérentes à la vie quotidienne. Il peut indiquer la voie à suivre, donner l'impulsion nécessaire au changement, nous insuffler la motivation pour accomplir les tâches ennuyeuses. Cela dit, une période de stress prolongée comporte des risques sérieux pour tous les systèmes de l'organisme, entraînant souvent une grave maladie.

LES STRESS VIGOUREUX

Les sources de stress sont extérieures autant qu'intérieures. La vie moderne nous expose aux bruits, à la pollution, aux embarras de circulation, aux cris stridents des sirènes de toutes sortes, à la surpopulation. De plus, nous devons faire face à nos devoirs quotidiens. Nous devons travailler, aller à nos cours, satisfaire les exigences du patron ou du professeur. Qui peut se vanter de s'entendre parfaitement bien avec tous ses confrères et consœurs? Voilà d'autres sources de stress.

La plupart de ces facteurs extérieurs nous affecte au plus haut point. Plusieurs d'entre vous passent chaque jour des heures et des heures au volant de leur voiture, au beau milieu de milliers d'autres chauffeurs pressés, stressés, et qui n'ont qu'un but : vous dépasser et arriver avant vous. Où et pourquoi? La plupart du temps, ils ne le savent pas eux-mêmes. Ils arrivent le soir à la maison exténués, les nerfs à fleur de peau, souvent pour faire face à une crise domestique. Pensez seulement aux changements qui se sont effectués depuis les cinquante dernières années.

Des changements dans le style de vie peuvent aussi être source de stress et influencer notre santé. La mort du conjoint, un divorce, etc. Même des changements agréables comme un mariage, un voyage, la retraite, un succès personnel peuvent aussi être source de stress. Comme je vous le disais, le stress est nécessaire à la vie, mais l'accumulation de tous ces facteurs de stress fait que, débordé, notre organisme ne peut plus fonctionner adéquatement.

On assiste en outre à une crise d'identité. Autrefois, les différentes classes de la société étaient mieux définies, on savait à quoi s'en tenir, on se sentait à l'aise dans sa sphère. On pouvait différencier un prêtre d'un plombier, un commerçant d'un notaire, un colporteur d'un médecin. Est-ce que c'était bon ou mauvais? Je ne sais pas, mais chacun restait à sa place et se trouvait bien. Maintenant, les fils et les filles de millionnaires jouent dans la rue vêtus de jeans délavés et effrangés, les fils d'ouvriers sont tirés à quatre épingles pour assister aux banquets de graduation.

À cause de tous ces changements et d'autres, les gens ne se sentent plus en sécurité. Leur sens des valeurs a éclaté. Ils ne savent plus à quoi s'en tenir. Pour survivre, les hommes doivent continuellement s'adapter à des situations nouvelles. Par ailleurs, le seul fait de vouloir éviter le stress entraîne bien souvent un stress supplémentaire.

Il nous faut donc nous adapter à cette vie trépidante et savoir nous réserver des moments de détente et de relaxation. Par exemple, des vacances au bord de la mer ou dans un paysage reposant de montagne afin, dans les deux cas, de s'oxygéner et d'«aérer» son esprit.

Que se passe-t-il lorsque vous subissez un stress? L'organisme se prépare à rétablir l'équilibre en sécrétant de l'adrénaline et de la noradrénaline dans les vaisseaux sanguins, ce qui entraîne les effets suivants :

– le cœur bat plus rapidement;

– la tension artérielle augmente;

– la respiration devient plus rapide, plus difficile;

– la bouche se dessèche;

– l'appareil digestif se referme afin que le sang soit réparti vers les autres systèmes;

– les pupilles se dilatent;

– le foie sécrète du sucre dans l'organisme afin de donner un regain d'énergie;

– la sécrétion d'urine est ralentie parce que moins de sang inonde les reins;

– le système immunitaire ne fonctionne plus.

Si l'organisme vit un stress continu, il est normal que cela se répercute sur la santé. Les effets physiques du stress ont des retombées désastreuses sur la santé s'ils sont prolongés. La tension artérielle peut entraîner des troubles cardiaques. La constante sécrétion d'acide dans l'estomac cause des maladies telles que la colite, l'irritation des intestins, un diverticule, des ulcères, etc. Lorsque le système immunitaire ne fonctionne pas, l'organisme est moins habilité à combattre l'infection.

Vivez-vous une situation stressante?

- crises d'angoisse;
- maux de tête;
- dessèchement de la bouche;

- mains moites;
- étourdissements;
- rougeurs;
- difficultés à relaxer;
- esprit constamment au galop;
- difficulté à avaler;
- bâillements et soupirs;
- palpitations;
- problèmes sexuels;
- indigestion;
- irritation des intestins;
- douleurs musculaires (épaules, dos, estomac);
- tabagisme et excès d'alcool;
- perte d'appétit;
- gourmandise chronique;
- fatigue après une nuit de repos;
- insomnie ou sommeil prolongé;
- difficulté de concentration;
- irritabilité;
- convulsions musculaires;
- piètre estime de soi;
- perte d'intérêt;
- mains et pieds glacés.

COMBATTRE LE STRESS

Dans l'ouvrage de Gilles A. Bordeleau, N.D., *La médecine naturelle des hommes* (éd. Frementel inc.), une partie importante est consacrée aux façons de combattre le stress. Que faire en pareille situation? Les experts préconisent une approche en deux volets :

1. Combattre le stress.
2. Développer quelques approches permettant de résister aux sources de stress inévitables.

Prenons la maladie, par exemple. Un homme qui se retrouve à l'hôpital, du jour au lendemain, a l'impression d'être déchu. Il a l'impression d'avoir subi une dégringolade sur le plan social. On peut prévenir le stress en écrivant ses peurs, ses angoisses face à la maladie, et se servir de ces écrits pour favoriser la discussion et prendre les mesures qui s'imposent, avec votre GRAND-TRICHEUR. Si votre maladie vous inquiète, renseignez-vous auprès de votre médecin et d'autres personnes compétentes dans le domaine de la santé, car il existe plus d'un moyen pour recouvrer la santé. Cette approche réduira considérablement les facteurs du stress. Une telle démarche s'avère efficace pour tous les types de situations stressantes.

En un mot, il faut s'occuper de soi. Trop souvent, l'homme ne se préoccupe que de son travail.

- Acceptez les changements comme partie intégrante de l'existence;
- Ne vous accrochez pas au passé;
- Acceptez-vous tel que vous êtes;

- Ne faites rien à cause de l'expectative d'autrui;
- Apprenez à dire non;
- Parlez de vos problèmes;
- Consacrez-vous à une occupation qui absorbe l'esprit, qui retienne l'attention;
- Accordez-vous du répit. Détendez-vous, lisez, faites des promenades, prenez une douche, faites ce que bon vous semble;
- Gardez le sens de l'humour, c'est le meilleur remède;
- Faites de l'exercice, cela libère la tension;
- Apprenez à vous détendre;
- Diminuez votre consommation d'alcool, de tabac et surtout de médicaments.

La psychothérapie, l'assistance psychosociale, les diverses approches globales du corps et de l'esprit, la gestion de la pensée vous aideront à identifier la source de vos maux. La méditation (vivre en silence), le yoga, le taï-chi favorisent la relaxation du corps et de l'esprit, le libèrent des soucis et réduisent les effets secondaires dont on a déjà parlé. Une étude à l'école de médecine de l'Arkansas démontre que la méditation a un effet direct sur le système immunitaire.

Selon Glamours, juin 1994, il nous offre six autres trucs pour chasser le stress.

1. Ralentissez votre voiture de 10 km/h. Choisissez une nouvelle route ou soyez

plus attentif à celle que vous prenez habituellement.

2. Faites une pause avant de manger. Faites des équivalences.

3. Attendez cinq minutes avant d'entrer dans la maison. Restez assis dans votre voiture et écoutez un peu de musique. Respirer profondément pour faciliter la transition entre le travail et la vie familiale.

4. Prenez une douche après le travail. Il suffit de quelques minutes pour «laver» vos problèmes de la journée et ainsi les mettre de côté.

5. Laissez sonner votre téléphone quelques coups de plus avant de répondre.

6. Faites une chose à la fois, peu importe la tâche ou l'activité que vous voulez faire. Faites en moins, mais mieux. Vous sentirez un sentiment d'accomplissement lorsque vous aurez terminé.

APPRENEZ À VOUS AFFIRMER

Certains d'entre vous éprouvent de la difficulté à s'affirmer et se voient obligés d'accomplir des tâches qu'ils ne souhaitent pas. Il faut apprendre à s'affirmer sans perdre son calme et à formuler ses expériences sans hausser le ton ni se sentir coupable. On reprend ainsi le contrôle de sa vie, et cela seul diminue les facteurs de stress.

On apprend à dire «non» sans se sentir coupable, en se reconnaissant certains droits fondamentaux. Chaque être a le droit à l'égalité, à la reconnaissance de son intelligence et de ses compétences, au privilège de changer d'avis, d'exprimer ses opinions même si elles contredisent celles de l'entourage, d'exiger que ses besoins soient satisfaits et de satisfaire ou non ceux d'autrui. Existe-t-il d'autres droits fondamentaux, selon vous? Reconnaître ses droits individuels, c'est aussi en conférer aux autres. Ce n'est pas toujours d'en faire à sa tête. Il faut se montrer flexible et savoir accepter l'opinion d'autrui.

S'affirmer ne signifie pas se montrer déraisonnable. Il faut formuler ses exigences calmement, honnêtement, sans s'emporter et dans le respect d'autrui.

L'assurance s'avère utile en toute circonstance, particulièrement lors d'une rencontre professionnelle ou d'une dispute.

LA RESPIRATION

Les troubles respiratoires sont la cause de bien des maux. Une respiration superficielle, résultat du stress, peut entraîner de la fébrilité. En apprenant à respirer lentement, calmement, on devient moins tendu, plus énergique.

1. Asseyez-vous ou étendez-vous confortablement.
2. Posez une main sur la poitrine, l'autre sur l'estomac.
3. Inspirez lentement jusqu'à ce que s'élève la main posée sur l'estomac. Si vous faites bien cet exercice, l'autre main ne doit pas bouger.

4. Comptez jusqu'à cinq et expirez lentement. Attendez un peu et recommencez.

5. Refaire cet exercice dix fois.

LA CAFÉINE ET LE STRESS

Chaque matin, approximativement quatre-vingt pour cent de la population adulte de l'Amérique du Nord boit du café. Vers midi, un grand nombre de ces deux cent millions de personnes ont bu de deux à cinq tasses de ce breuvage chaud et ont ingurgité par le fait même une dose libérale de caféine.

La plupart de ces personnes boivent ce café parce qu'elles croient qu'il a un effet stimulant. C'est vrai que la recherche nous indique que la caféine a un effet certain sur notre système nerveux et sur notre cerveau; que momentanément, et en apparence, il peut augmenter notre endurance, entraver notre propension au sommeil, mais il ne faut pas se leurrer et sauter aux conclusions.

Lorsque même une petite quantité de caféine entre dans votre corps, elle commence à créer des changements. Après le coup de fouet initial à votre système cardio-vasculaire, elle va travailler sur vos muscles en y créant une tension, et plus vous buvez de café, plus cette tension augmente. En fait, même de trois à cinq heures après votre dernière tasse de café, votre métabolisme peut être encore plus élevé que la normale, de dix à vingt-cinq pour cent. Ceci veut dire que même si vous ne travaillez pas, vous éprouvez une sensation de fatigue ou de lassitude à la fin de la journée. C'est un cercle vicieux. On boit du café pour se réveiller et se tenir en alerte tout au long de la journée, et le soir venu, cette même caféine nous garde tendu et réveillé durant une partie importante de la nuit, sinon toute. Alors, on prend des somnifères pour s'endormir artificiellement et, le lendemain matin, on se sent si fatigué, si peu reposé qu'on recommence à prendre du café pour se réveiller et se donner du «pep» à nouveau. On commence par boire une tasse, et ça suffit, au début, mais bientôt on est obligé d'en boire plus pour atteindre le but recherché.

Les mêmes réactions se produisent avec toutes les drogues. Au début, on obtient certains effets en prenant une petite dose, puis on est forcé d'augmenter la dose graduellement pour continuer à obtenir le même effet. Une tasse de café contient, en moyenne, de 100 à 150 mg de caféine, donc un consommateur qui en boit de deux à trois tasses par jour atteint 200 à 450 mg, et s'il boit en plus d'autres breuvages qui contiennent de la caféine, ce consommateur atteint et dépasse même 1 000 mg par jour. Cette quantité de caféine équivaut à six ou huit tasses de café par jour. À ce niveau, la caféine produit de la nervosité, des étourdissements, de l'irritabilité et des tremblements.

Il est évident, en lisant ce qui précède, qu'il y va de notre santé et de notre bien-être de diminuer, et même d'abandonner l'usage du café, et de le remplacer par des tisanes ou par un breuvage à base de céréales grillées dont certains imitent, à s'y méprendre, la saveur du café, mais en mois amer.

LE TRAVAIL

Une des grandes causes du stress, c'est le travail. Beaucoup plus que l'action de travailler, l'ENVIRONNEMENT est l'origine maîtresse[1] du stress.

- Accordez beaucoup d'importance à l'éclairage. Celui-ci doit convenir à votre travail.
- Ne restez pas assis trop longtemps, cela peut entraver la circulation sanguine et lymphatique. Chaque heure, levez-vous et faites quelques pas. Si c'est impossible, tapez des pieds.
- Accordez de l'importance à votre fauteuil. Si le siège est trop élevé, posez les pieds sur un petit tabouret ou, à défaut, une pile de livres ou un pouf afin d'être confortable. Un appui-pieds peut facilement être confectionné à l'aide d'une petite boîte en carton de sept à dix centimètres de haut et bourrée de vieilles revues. Cette boîte peut être solidement fermée à l'aide de ruban adhésif.
- Ne restez pas debout trop longtemps.
- Veillez à ce que l'endroit soit bien aéré. Des plantes, des fleurs, des vases remplis d'eau humidifieront votre lieu de travail. Un appareil ionisant compensera le manque d'air.
- Acquérez de l'assurance afin de pouvoir discuter avec vos supérieurs.
- Développez votre confiance en vous.

---

1. *Executive Fitness*, 28 août 1979, Rudale Press

Un individu seul peut difficilement améliorer de mauvaises conditions de travail : C'EST UN PROBLÈME DE GROUPE.

L'ANXIÉTÉ

VIRUS DES INQUIÉTUDES

Les dictionnaires, comme définition, résument les anxiétés à de grandes inquiétudes désirées fortement. À mon avis, c'est beaucoup plus que ça. Les anxiétés, tout comme les angoisses, nous occasionnent bien souvent des maux physiques. Cependant, le principal effet est l'INSOMNIE.

En imagination, on laisse notre esprit vagabonder sur le sujet de nos INQUIÉTUDES. On a perdu le contrôle de nos pensées. Notre mécanisme conscient est déréglé et est reparti dans le monde du négativisme. Malheureux et alarmés, on oublie les conséquences de nos pensées et on s'acharne sur nous-mêmes.

L'anxiété chronique est mortelle. Peu de personnes comprennent que le soucie TUE. Il est étrange qu'après des siècles d'expérience et de développement, la race humaine n'ait pas appris à refuser énergiquement de se laisser torturer par les ennemis de son bonheur. Nous nous laissons encore tourmenter, du berceau à la tombe, par ces ennemis que nous pourrions facilement détruire en changeant l'orientation de nos pensées.

Le sujet de nos inquiétudes porte toujours sur des éléments présents dans notre vie ou des composantes à venir. L'anxiété active l'adrénaline de notre système, ce qui occasionne des excès de nervosité, et par le fait même, l'insomnie.

Si vous êtes insomniaque, meilleur que tout tranquillisant est l'énergie dont on parle dans les ateliers. Je vais vous donner la phrase CLÉ pour que vous aussi sachiez contrôler votre sommeil énergiquement.

Dans plusieurs villes du monde, j'ai partagé cette connaissance des énergies. Aussi, dans toutes ces villes, il y a des gens qui souffrent d'insomnie et, par enchantement, les besoins de sédatifs ont disparu.

Je me rappelle entre autres d'une dame qui prenait des somnifères depuis une vingtaine d'années. Depuis que je lui ai confié la formule et dès le premier soir de son utilisation, elle a éliminé toute consommation. En plus d'avoir retrouvé le sommeil naturel, elle a repris goût à la vie. Depuis, dès son réveil, elle a hâte de commencer à vivre sa journée et de profiter au maximum de chaque instant.

C'est facile à comprendre, elle n'avait pas dans son organisme les effets de la médication qui engourdit le système nerveux et le cerveau. Elle est devenue libre, loin de la dépendance aux médicaments. Elle a repris GOÛT À LA VIE, elle a retrouvé SA CONFIANCE EN ELLE. Elle me confia quelques années plus tard qu'évidemment certains soirs le sommeil tardait à venir. Connaissant avec expérience les effets secondaires, elle refuse toute médication.

Pour des milliers de personnes qui étaient sous la dépendance d'une pilule, comme par miracle, leur vie a changé. En soignant la qualité de leur nuit de sommeil au naturel, leur journée se vivait dans l'état conscient de leurs pensées constructives. Le bonheur quoi!

En gardant le parfait contrôle de ses pensées, les pensées négatives sont automatiquement remplacées par des pensées objectives, calmes et sereines, avec un minimum d'efforts.

FORMULE POUR DORMIR

Avant d'aller au lit, répétez trois fois ces phrases et laissez-vous bercer par l'énergie. ÉVITEZ la PANIQUE et le DOUTE, faites confiance, les résultats vont vous surprendre, même vous impressionner.

Univers infini, j'ai une nuit calme et reposante.
Je dors d'un sommeil profond.
À mon réveil, je suis dans une forme extraordinaire.

Si vous vous réveillez durant la nuit..., vous répétez la formule et vous repartez dans les bras de Morphée...

Je me rappelle d'un Genevois qui suivait les ateliers pour retrouver le sommeil. Au deuxième atelier, il me confessait que ça ne fonctionnait pas, que son sommeil était toujours très léger. J'étais surpris et je le questionnai (ces questions peuvent vous servir).

- Quel genre de pensées entretenez-vous?
- Quelle est votre alimentation?
- Quelle sorte de consommation prenez-vous le soir venu?

Il m'avoua qu'il aimait bien prendre quelques verres de whisky, croyant que ça le ferait dormir. Le problème était là ou bien il souffrait d'une maladie chronique.

Monsieur Gilles A. Bordeleau, N.D., dans son livre *La médecine naturelle des hommes*, aux éditions Fremontel, nous propose certaines recommandations.

- Commencez à vous détendre quelques heures avant d'aller au lit. Lisez, faites du yoga ou méditez.
- Évitez les discussions emportées et les disputes.
- Prenez un bain chaud. Ajoutez à l'eau des huiles aromatisées ou de l'essence de lavande, de camomille, de marjolaine, de sauge ou de Ilang-Ilang.
- Demandez à votre conjoint (conjointe) ou à votre ami (amie) de vous faire un massage (c'est divin!) et donnez-lui-en un à votre tour.
- Buvez une infusion de valériane ou de camomille afin de vous détendre.
- Dormez sur un oreiller bourré d'herbages.
- Écoutez une cassette de relaxation ou votre musique préférée.
- Évitez de manger avant de vous coucher.
- Évitez de boire du café, thé, cacao ou chocolat, tout breuvage au cola ou de l'alcool.
- Si vous ne parvenez pas à vous endormir, laissez-vous bercer par vos pensées. Faites des équivalences.

Les experts estiment que cinq ou six heures de sommeil sont nécessaires, et de temps en temps, une nuit sans sommeil ne fait de mal à personne. Relaxez dans les moments d'insomnie, vous vous porterez mieux.

En conclusion, avec la FORMULE et les conseils de M. Bordeleau, vous allez dormir comme un ange.

L'INQUIÉTUDE

EST MEURTRIÈRE

Je ne sais pas qui a dit : «L'inquiétude est meurtrière», il avait raison. Le flot d'inquiétudes qui habitent notre esprit est le miroir des angoisses, des anxiétés, des craintes, etc. Vous savez maintenant que les pensées sont des énergies qui émettent des vibrations.

D.S.	L'aviez-vous réalisé en lisant le sujet?
Vous	Pas encore.
D.S.	Quel serait le genre d'énergies qui serait émises par les inquiétudes?
Vous	De l'énergie négative.
D.S.	Très bien, mais quoi d'autre?
Vous	Des vibrations stressantes.
D.S.	Bravo! Aussi, en plus de ces ondes vibratoires d'angoisses et d'anxiétés, pour les accompagner il y aura une attitude déprimante et un caractère massacrant.
Vous	Est-ce que c'est comme ça pour toutes les pensées, c'est-à-dire que notre attitude et notre personnalité sont affectées par nos pensées?
D.S.	Rappelez-vous que tout est INTERRELIÉ : l'intérieur avec l'extérieur et l'extérieur avec l'intérieur.

Vous Si j'ai bien compris, notre attitude et notre caractère reflètent notre façon de penser?

D.S. Pas exactement. L'attitude reflète votre pensée et votre caractère devient la copie carbone de vos pensées selon votre personnalité. Ce qui nous rappelle que chaque «INQUIÉTUDE», comme les angoisses, les anxiétés qu'on a vues jusqu'à maintenant, a un rôle important pour votre MOI.

La vie, pour nous, n'est pas faite que de grands sacrifices ou d'une série de crises tumultueuses, mais plutôt d'une éternelle continuité de «petites choses».

Il y a des gens qui sont capables de survivre aux dures épreuves de leur vie..., d'affronter les grosses tempêtes parce qu'ils ont appris à avoir le contrôle de leur mécanisme de la pensée. Par contre, il y a aussi des gens qui, devant un simple début d'orage, se rongent d'inquiétude et se font un cinéma de leur malheur. Inconscients, ils brûlent leurs énergies constructives par des pensées négatives et vivent pleinement le drame des inquiétudes.

Ne soyez plus l'une de ces victimes, il y a des solutions. Je vais vous donner cinq façons de vous défendre des inquiétudes, et surtout de les éliminer de votre quotidien. Les inquiétudes ternissent votre existence et vous empêchent de vivre votre bonheur au jour le jour avec calme et sérénité.

1. **AFFRONTEZ LES PROBLÈMES**
   Ce n'est pas essayer de vivre le problème, mais bien de le voir et d'en connaître la cause.

2. **RASSEMBLEZ LES FAITS**
Qu'est-ce qui fait que cette cause a pris l'ampleur démesurée d'un drame psychologique, qui, non solutionné rapidement, entraînera pour plusieurs jours ou plusieurs mois des effets. C'est-à-dire toutes les conséquences des pouvoirs des pensées négatives.

3. **ACCEPTEZ LES CONSEILS**
C'est une règle difficile parce que souvent on s'obstine, on s'entête à ne pas accepter les conseils. Omnibulés par nos forces vibratoires négatives, on arrive difficilement à être à l'écoute. On refuse automatiquement la bouée de sauvetage qui nous est donnée parce qu'on refuse l'ACCEPTATION de la cause.

4. **CHERCHEZ UNE SOLUTION**
Seul ou avec l'aide d'intervenants, on se fait un devoir de trouver une solution rapide afin d'éviter une gestion négative de pensée, de longue durée. Il y a un dicton qui dit : *À tout problème, il y a une solution.*

5. **METTEZ CETTE SOLUTION EN PRATIQUE**
C'est peut-être une des choses les plus difficiles à faire... Parce que la plupart du temps, elle exige une IMPLICATION de notre part. Souvent, cette implication demande une part de sacrifice

ou un conditionnement mental différent. Donc, on doit changer ILLICO pour enrayer les inquiétudes.

Je vous racontais l'expérience de mes deux opérations à l'œil gauche. Évidemment, ayant été anesthésié à deux reprises en quelques semaines, mon système avait besoin de récupérer. La cause de mes inquiétudes était que je n'avais aucune force physique. Je dormais en moyenne vingt heures sur vingt-quatre. Loin d'être en accord avec mon tempérament actif, moi qui a toujours aimé vivre au maximum et profiter de chaque instant de la vie.

Je téléphone à une amie à New York, Ouida West, naturopathe de renom. Je lui explique ma faiblesse générale. Elle me propose un régime très sévère pour éliminer les toxines de mon organisme, jumelée à trois huiles essentielles différentes, dont la posologie était aux quatre heures. D'emblée, je commence immédiatement le traitement, sans tricher. Motivé à retrouver ma santé, je m'implique et je refuse tous les éléments de nutrition qui n'étaient pas au programme de la diète.

En deux semaines, ma santé était revenue, mes forces physiques étaient surprenantes. Je dirais même plus, j'étais beaucoup plus en forme qu'avant les opérations. Je me suis impliqué, j'ai gagné.

Ce qui est étrange, et cela je l'ai constaté très souvent, c'est que les gens ont des solutions à la portée de leur vie, mais qu'ils s'obstinent ou font les sourds pour ne pas entreprendre la démarche.

Je me rappelle d'Alain, le mari d'une grande amie. Il avait de sérieux problèmes de santé. Son cas était très grave.

Je lui offre de prendre contact avec Ouida West afin de récupérer sa santé. Il y a plus de sept ans de cela, il n'a rien fait. Sa santé, elle, est dans un état alarmant. Pourtant, il a constaté de ses yeux les bienfaits magiques opérés sur mon organisme. Il n'a pas écouté, il n'a pas réagi, il est encore malade.

Comme moi, vous avez sans doute connu des gens qui, après certaines recommandations du médecin, les prennent au sérieux et s'appliquent à les suivre. Ils respectent l'opinion scientifique et croient aux résultats possibles. Vous en connaissez aussi qui continuent à vivre comme avant, se refusant tout changement. Donc, leur santé régresse sans doute ou tout au moins est loin de s'améliorer.

Aujourd'hui est la seule journée que vous puissiez vivre. Ne la transformez pas en ENFER physique et mental pour des inquiétudes au sujet de l'avenir ou en vous tracassant au sujet de l'erreur faite hier.

CESSEZ DE VIVRE AU CRÉDIT DE L'AVENIR,
C'EST UNE MAUVAISE AFFAIRE

LA CRAINTE

SENTIMENT DE PANIQUE

Qu'est-ce que la crainte? D'où lui vient son pouvoir annihilant? Selon Orison Sweet Narden, elle n'a absolument aucune réalité; elle n'est qu'un fantôme de l'imagination, et au moment où l'on s'en rend compte, elle cesse d'avoir du pouvoir. Si nous étions mieux éduqués et si nous pouvions comprendre que rien en dehors de nous-mêmes ne peut nous nuire, nous ne craindrions rien.

La crainte détruit l'initiative. Elle tue la confiance et cause l'INDÉCISION; elle nous rend vacillants, nous enlève l'énergie pour entreprendre quelque chose et nous remplit de doute. La crainte nous ôte toute puissance.

Nous pouvons neutraliser une pensée de crainte en lui opposant comme antidote une pensée de courage, tout comme le chimiste détruit le pouvoir corrosif d'un acide en lui opposant son contraire, un alcali.

Le souci n'est qu'une forme de crainte. Il n'a pas beaucoup d'emprise sur un homme qui possède une bonne santé physique et mentale. Il attaque surtout les faibles, ceux dont la vitalité est amoindrie et l'énergie appauvrie.

La crainte ou la terreur qui nous envahit est toujours en proportion du sentiment de notre faiblesse et de notre incapacité à nous défendre contre la cause qui la procure. Quand nous avons pris conscience d'être plus forts que ce qui terrorise des personnes faibles, nous n'avons plus aucun sentiment de crainte.

La crainte déprime et rend esclave; elle est fatale au développement. Si l'on ne s'en débarrasse pas, elle dessèche les sources de vie. L'amour, qui bannit la crainte, produit l'effet opposé sur le corps et le cerveau. L'amour élargit le cœur, l'intelligence, aide au développement des cellules vitales et augmente la puissance cérébrale.

La crainte cause de terribles ravages dans l'imagination qu'elle remplit de toutes sortes de sombres tableaux. La foi est son antidote parfait, car tandis que la crainte ne voit que les ombres et les ténèbres, la foi voit la bordure d'argent du nuage et le soleil derrière les nuages. La crainte regarde en bas et s'attend au pire, la foi est optimiste. La crainte prédit toujours l'insuccès, la foi prédit le succès. Il ne peut exister aucune crainte de pauvreté ou d'insuccès quand l'esprit est dominé par la foi. Le doute ne peut subsister en sa présence, car elle est au-dessus de toute adversité.

L'homme qui est paralysé par la crainte ne peut faire usage de toutes ses facultés. Il faut avoir l'esprit en repos pour posséder l'assurance, la confiance.

Il y a des personnes qui sont constamment dans la crainte que quelque malheur arrive, elles sont hantées par cette crainte, même dans leurs meilleurs moments. Leur bonheur en est empoisonné au point qu'elles ne jouissent vraiment de rien. Cette crainte s'est imprimée dans la trame de leur vie et leur excessive timidité la renforce.

La crainte modifie la circulation du sang et de toutes les sécrétions; elle paralyse le système nerveux et peut même causer la mort, cela est bien connu. Tandis que tout ce qui nous rend heureux, toutes les émotions agréables relâchent les vaisseaux et facilitent la circulation du sang. La frayeur, au contraire, ressert ces vaisseaux et entrave cette circulation. On peut s'en rendre compte en voyant pâlir ceux qui ont peur.

Si une terreur soudaine peut produire de tels effets, que dire de l'influence nuisible de la crainte chronique qui empoisonne l'organisme pendant des années et le tue lentement.

La crainte engendre un sentiment de panique.

LA PANIQUE

ALIMENT DE LA PEUR

La PANIQUE, toujours provoquée par notre esprit conscient, fait de notre vie un véritable drame. En vivant des fréquences de panique, elles agissent comme un boomerang et renforcent le sentiment. La panique, très souvent, devient tellement forte qu'elle engendre des dépressions nerveuses.

Le jeu de la panique s'alimente par les angoisses, les anxiétés, la crainte. Si je suis très explicite au point de me répéter, c'est que je veux vraiment vous sensibiliser aux forces de vos pensées. Que celles-ci vous appartiennent et que vous seul avez les commandes. J'aurai atteint mon but par cet ouvrage seulement si vous, cher lecteur, comprenez bien les rouages du conscient et de l'inconscient. J'aurai réussi si, dès maintenant, vous décidez de travailler cet organe vital qu'est l'esprit.

Comme tous les éléments négatifs et constructifs, la panique joue son rôle parfaitement en ne vous donnant aucune chance. Bien au contraire, elle s'occupe de vos états d'âme en plus de garder sous surveillance malicieuse l'entretien de votre esprit. Les vibrations de la panique tuent l'objectivité humaine, ralentit l'évolution de son mieux-être et peut même détruire l'individu.

Perdu, il se cherche, sans comprendre son égarement mental. Le pire, c'est qu'il a alimenté cette situation inconsciente par ignorance. C'est le drame que vivent beaucoup d'individus. Perdus dans une panique incontrôlable, ils s'affolent, crient au désespoir, se croient sur un chemin sans issues. Ils ne sont pas fous, seulement perturbés et malheureux de ce qu'ils vivent.

Beaucoup de désordres psychologiques auraient pu être évités si nous avions été éduqués dès l'adolescence à tenir compte des forces motrices qui nous habitent. Hélas! Nous n'en sommes pas encore là. Imaginons pendant quelques minutes que tous les habitants de la planète gèrent de façon parfaite leurs pensées. Quelle est votre réponse? Ce serait le PARADIS. Vous avez entièrement raison. C'est nous qui sommes la cause de tous nos malheurs, nos peines et nos échecs. Il en sera autrement le jour où un tiers seulement de la planète aura compris et appliqué les lois de la pensée.

Vous croyez que je m'illusionne. Il y a beaucoup de scientifiques, de chercheurs qui sont de cet avis. J'endosse leur idéologie car je sais, par expériences personnelles, c'est-à-dire par mon vécu, qu'ils ont raison. Le travail que nous faisons, mon équipe d'animateurs et moi-même, transforme l'ensemble d'un groupe pour le faire évoluer à titre individuel. Il influence énergiquement l'étiquette sociale d'une façon consciente. Parce que chaque personne a pris la responsabilité de sa vie et sait l'importance de ses états d'âme, ses états d'esprit.

Elles enrichissent les vibrations de leur communauté par la réussite due à leurs efforts. Réalisez-vous toute l'importance que chacun de nous a sur ses congénères? C'est démesuré, on ne peut pas évaluer en chiffres les efforts de l'entretien du mode de pensée. Mais croyez-moi, éliminons la PANIQUE et venons-en à la guerre des vibrations. La panique est la pionnière en matière énergique pour engendrer les autres sentiments qui y sont rattachés.

Quels sont les autres sentiments qui nuisent à votre évolution? L'INSÉCURITÉ, le MANQUE DE CONFIANCE, la RÉVOLTE, la ou les PEURS.

La panique créée par la crainte détruit l'ambition.

L'INSÉCURITÉ

DÉSARÇONNE L'ÉVOLUTION

Lorsqu'il y a un vent de panique, l'insécurité s'installe. Lorsque les médias annonçent les probabilités d'un séisme, d'une éruption volcanique, d'une avalanche, d'une inondation ou d'une grosse tempête de neige, les populations concernées vivent des émotions très fortes d'inquiétude. Perdus dans le désespoir, les gens sèment la panique et ne pensent qu'à sauver leur peau et celle de ceux qu'ils aiment. Certains, plus courageux, se sacrifient par amour pour épargner leur famille ou même des étrangers.

Vous avez sûrement vu certains films dont le scénario faisait de la PANIQUE la vedette. Rappelez-vous, tous les acteurs faisaient réaliser avec brio que l'élément de panique se transmettait très rapidement, à une vitesse démentielle. C'est d'ailleurs pour cela que certaines catastrophes laissent des pertes plus souvent causées par la panique que par l'événement lui-même.

Prenons les guerres, les révolutions : la panique déséquilibre et terrorise un peuple par l'événement et ses conséquences. Par autodéfense, les gens s'impliquent encore pour sauver leur peau.

La catastrophe d'actualité est le MANQUE D'ARGENT que beaucoup vivent consciemment. Le souci d'administrer un budget avec en tête ce terrible aspect du portefeuille trop mince pour équilibrer la qualité de vie. Revenu limité, on essaie de jouer avec des éléments qui ne sont pas élastiques pour équilibrer sa vie. Il est impossible de convertir les problèmes financiers simplement en DÉPLAÇANT DE L'ARGENT.

Je m'explique. Vous avez l'argent pour payer votre compte d'électricité. Vous payez à la place le compte de téléphone. Donc, votre facture d'électricité reste en suspens. Vous devez payer la facture X, vous la retardez pour payer votre fournisseur d'électricité. Finalement, vous avez une réserve pour payer la facture de X. Un, deux ou trois comptes supplémentaires arrivent et vous commencez à jongler avec les économies pour acquitter X, qui sont loin d'être suffisantes pour la somme totale des comptes à payer. Vous versez un léger acompte à X et aux autres. La situation n'est toujours pas résolue. Parce que les comptes courants se présentent en plus de ceux qui restent toujours impayés. Cette romance recommence encore et encore tous les mois et jamais les quittances finales ne sont réalisées. Le système de jonglerie est vécu par une masse importante de gens dans la société. Victimes des influences publicitaires, ils consomment sans réfléchir et s'enlisent dans la catastrophe.

Le pire n'est pas l'erreur commise. C'est lorsque les paiements arrivent à échéance que les consommateurs commencent à vivre la panique et pensent MANQUE D'ARGENT.

En pensant «manque d'argent», on ne fait que DÉPLACER; on n'équilibre pas son budget. Comme tout est énergie, on ne s'attire qu'une énergie de «manque à gagner». C'est terrorisant de réaliser jusqu'où va cette puissance de la pensée.

- ARRÊTEZ DE DÉPENSER
- ARRÊTEZ DE PENSER MANQUE D'ARGENT
- ARRÊTEZ DE DÉPLACER L'ARGENT
- PENSEZ SOLUTIONS
- PENSEZ ABONDANCES
- PENSEZ RÉSULTATS

Je ne vous propose pas une solution possible de réussite. Je vous somme d'appliquer les six points qui sont la clé de la réussite sur l'équilibre financier, ce qui vous conduira en ligne droite au succès sur bien d'autres plans.

ARRÊTEZ DE DÉPENSER INUTILEMENT

Bien facile à dire, me direz-vous. Les imprévus, les médicaments, les enfants qui grandissent, etc. Ou les exigences sociales sont telles, qu'influencé par l'environnement, vous avez de la difficulté à vous soumettre ou à soumettre à votre famille certaines restrictions. En somme, vous croyez qu'on vous aimera moins. Que vous serez jugé par les gens qui encerclent votre vie comme une personne déséquilibrée. À cause de la malchance, c'est pardonnable, mais à cause des excès que vous vous êtes accordé, c'est irresponsable. L'orgueil qui domine souvent l'homme le place dans des situations d'imbroglio financier énorme que seule une faillite pourrait amorcer un départ équilibré de son portefeuille. Avant de faire faillite, il faudrait apprendre à GÉRER ses pensées et cette situation serait automatiquement évitée. En changeant son mode de pensées, il va se sortir de la cadence énervante du gagne-petit et du manque d'argent.

ARRÊTEZ DE PENSER MANQUE D'ARGENT

Tous les aspects vibratoires de penser «manque d'argent» sont comme un microbe qui se développe avec toutes les conséquences de l'apparition hâtive du ou des symptômes. En pensant «manque d'argent», vous alimentez les angoisses, l'anxiété, l'insomnie, les inquiétudes, les craintes, etc.

C'est un cercle vicieux. Le négatif n'engendre que du négatif.

ARRÊTEZ DE DÉPLACER DE L'ARGENT

Une fois pour toutes, finissez-en avec cette danse maladroite d'une administration déséquilibrée. Laissez les autres s'occuper de leurs affaires. Occupez-vous de VOUS seulement. Peu importe les réactions de votre entourage, peu importe les sacrifices à faire pour une période plus ou moins longue. Retrouvez l'équilibre budgétaire en pensée, c'est le début de l'action, et vous retrouverez ainsi la paix.

PENSEZ SOLUTION

La paix est dans la solution. Avec votre expérience de vie, vos épreuves ou vos négligences administratives, il y a une solution. Vous pensez peut-être à une solution miraculeuse telle un gain important à la loterie ou l'héritage inattendu de quelqu'un. C'est sûrement arrivé à quelques personnes, mais là n'est pas une solution certaine. Vous ne pouvez laisser la vie solutionner pour vous une problématique engendrée par vous. Erreur! en pensant solution, il faudra passer à l'ACTION. Je parle ici de se serrer la ceinture pendant quelques temps, de se trouver un emploi à temps partiel ou carrément de changer d'emploi pour avoir un meilleur salaire. L'énergie de l'Univers saura vite solutionner le drame de la comptabilité.

PENSEZ ABONDANCE

Tous les motivateurs, tous les créateurs d'une technique de croissance personnelle véhiculent, depuis très longtemps, la forme de pensée que je préconise. Que ce soit dans le domaine de la vente ou celui de la réalisation personnelle, c'est LA solution gagnante. Des pensées d'abondance nous attireront l'abondance. Elle sera au rendez-vous. Il est possible que ce soit par une promotion, une augmentation de salaire, du temps supplémentaire, un bonus ou par une démarche tout à fait différente de celle que vous auriez pu imaginer.

PENSEZ RÉSULTATS

Dans les paragraphes précédents, je parle du manque d'argent et des solutions. Je veux ici attirer votre attention.

Quand je dis PENSEZ RÉSULTATS, ce n'est pas seulement dans le sens premier. Je pense aux résultats sur votre élévation spirituelle, sur votre vie affective, sur votre santé physique et psychologique. C'est toujours et pour tout le même principe : tout se crée par la pensée.

Si vous ne pensez pas SOLUTION, vous obtiendrez le seul résultat que je connaisse et qui est une des grandes causes de l'échec : LA PEUR.

LA PEUR

PARALYSIE PSYCHIQUE

Avec la peur, vous arrêtez de vivre. Vous fonctionnez à un rythme ralenti, qui neutralise la confiance en vous. Vous avez perdu l'autonomie de votre personnalité. Dominé par la peur, votre esprit est ouvert aux vibrations néfastes d'une panique extérieure.

Abordons tout d'abord la peur, qui est une prise de conscience menaçante devant une situation trouble. Incontrôlable parce qu'on applique à la peur imaginaire la sensation physique de l'événement. On extrapole au quotidien ou à l'occasion sur un événement qui déclenche ce sentiment de sensation physique désagréable. Par exemple, prendre l'avion, utiliser l'ascenseur, traverser un pont, c'est par l'imagination que vous alimentez votre esprit en créant de toutes pièces la PIRE conclusion, que l'avion s'écrase, que l'ascenseur casse, que vous allez mourir, ou simplement rester coincé dans le noir, que le pont va s'effondrer. C'est par l'imagination que l'on projette le PIRE. Qui est responsable de ce film imaginaire? VOUS, parce que vous avez perdu le contrôle de vos pensées et que le GRAND-TRICHEUR l'a vite récupéré pour s'en occuper avec plaisir.

Il y a aussi la peur alimentée par la crainte. Cette peur qui, selon moi, est très dommageable parce qu'elle fait naître en pensée la possibilité de quelque chose à venir. Peur d'être malade, peur de perdre son emploi, peur d'avoir un accident. Vous réalisez peut-être maintenant que c'est vous qui avez créé d'abord en pensée certains événements que vous avez vécus.

Le sentiment de peur crée une sensation physique aux vibrations tellement fortes qu'automatiquement, très souvent, elles arrivent. Et c'est vous qui en êtes la cause inconsciente parce que vous avez perdu le contrôle de vos pensées.

Si vous êtes parmi ces gens qui vivez ce genre de phobies, apprenez à vous contrôler en analysant avec logique le sujet de votre peur. L'avion est le moyen de déplacement le plus sûr. L'ascenseur est inspecté périodiquement, et c'est une loi gouvernementale. Rares sont les ponts qui s'effondrent. Ne vous laissez plus dominer par l'aspect négatif d'une situation. Au contraire, réfléchissez, analysez et de ce fait, vous allez gagner la partie contre votre GRAND-TRICHEUR.

Il y a aussi la hantise, c'est-à-dire être obsédé par une pensée telle que : avoir peur de mourir, peur d'être malade, peur de la solitude. Je dirais que c'est une pensée presque continue, qui hante l'esprit et qui neutralise l'évolution.

Les peurs ne sont pas toujours créées en imagination. Elles peuvent être aussi créées en paroles par quelqu'un. Enregistrée dans l'esprit conscient, la pensée part en course folle pour démarrer le processus.

Je me rappelle qu'en 1957, une enseignante nous avait dit que le Pape Pie XII dévoilerait le dernier secret de Fatima au mois d'août. Selon elle, le message concernerait la date de la fin du monde ou bien tout simplement la fin du monde. Malgré mes dix ans, tout l'été 57 fut un cauchemar parce que je vivais avec cette hantise de la mort, et surtout une peur atroce de la fin du monde qu'elle nous avait décrite avec sadisme pour des enfants de notre âge. Le soir, en me couchant, je priais très fort et je m'endormais très tard. Chaque matin, s'ouvrait une journée à la fois emplie de joie d'être en vacances et de peurs liées à ce qui devait arriver.

Presque la totalité de mes vacances scolaires avait été vécue sous le glaive de la peur et le poison mortel de la crainte.

Toutes les religions ont profité de la naïveté humaine pour alimenter leurs brebis de peurs et des craintes. Elles les gardaient ainsi sous le contrôle d'une horde puissante d'idéologies mystiques. Pourquoi nous présenter un Dieu d'Amour qui châtie? Dieu est AMOUR et l'amour, c'est le PARDON.

Vous qui êtes parent, ne pardonnez-vous pas tout à vos enfants? Sûrement!

Il y a aussi la peur physique : avoir peur d'un chien ou d'un autre animal, c'est exactement la même logique. D'ailleurs, l'exemple suivant vous confirmera et vous fera réaliser très bien que tout ce que j'essaie de vous expliquer depuis le début est authentique.

La peur incontrôlable d'un animal est l'exemple parfait. Quelqu'un qui a peur des chiens attire à lui l'animal, et plus il a peur, plus l'animal s'en approche. Vous qui vivez peut-être ce genre de peur à la vue d'un chien, cela déclenche en vous **automatiquement** une vibration que l'animal reçoit et sent. Il réagit sous l'effet vibratoire de votre personne. Japper, grogner, montrer ses crocs et aller jusqu'à sauter sur vous. Il vous avertit, la peur augmente, les vibrations aussi. Ainsi, il poursuit son évolution jusqu'à sauter.

Si vous ne l'aviez pas vu, il n'y aurait pas eu de vibrations. Le chien n'aurait pas été attiré. Cette peur est créée en pensée n'est-ce pas? Comprenez bien que toutes les vibrations de vos pensées ont les mêmes effets tout autour de vous.

Il y a aussi ceux qui disent avoir peur des moustiques ou des souris. On identifie une bestiole horrifiante, qui vous dégoûte, par une peur. Ce n'est pas que vous avez vraiment peur, c'est plutôt qu'à sa vue, vous êtes dégoûté par sa présence inattendue. Horrifié par l'effet de surprise, vous ressentez un émoi désagréable. Beaucoup pensent qu'il s'agit d'une peur. En fait, c'est la présence indésirée qui crée un sentiment d'horreur.

Vous en avez sûrement déduit que la peur se contrôle par la pensée comme tout le reste . Si vous êtes de ceux que la peur empêche d'évoluer, armez-vous de bonne volonté et changez votre façon de penser en analysant vos peurs.

Ne vous laissez pas envahir par l'élément destructif de la peur qui engendre bien d'autres effets.

LE RUMINAGE

NOURRITURE EMPOISONNÉE DE L'ESPRIT

Expression bien québécoise, qui veut dire ce que ça veut dire. Lorsque quelqu'un rumine, c'est presqu'en totalité l'aspect négatif d'une situation.

Une pensée ou un souci entrave le bonheur quotidien. Les pensées sont tristes et vous rendent la vie mélancolique. Souvent, vous vous ressaisissez, vous analysez un événement malheureux. La vie arrête pendant une certaine période pour stagner au profit du négatif. Généralement, vous ruminez tant que la solution n'est pas éclaircie.

Ruminer un projet, selon moi, c'est analyser en profondeur le chemin à prendre vers la réussite. C'est réfléchir avec sagesse à toutes les facettes du rêve afin d'éviter la plus petite erreur possible. C'est prendre conscience logiquement de ses ambitions et évaluer les risques qu'elles comprennent.

Ruminer ses soucis, selon moi, c'est aussi analyser, réfléchir, évaluer la situation afin d'y remédier rapidement.

Ruminer une peine, selon moi, c'est beaucoup plus dramatique parce que c'est un sentiment qui nous atteint dans notre intérieur profond, qui saigne notre cœur et tant que la situation reste nébuleuse, un doute se développe sur l'honnêteté et le respect de la personne qui est la cause de cette peine. Ce doute entrave la relation et le RUMINAGE durera tant que le doute ne sera pas éliminé. Il causera des dommages énormes dans une relation. Le doute aura volé la confiance.

Exemple : vous découvrez un numéro de téléphone identifié au nom d'une personne inconnue sur la table de travail de votre conjoint. Votre imagination vagabonde. Il ou elle est peut-être son amant ou sa maîtresse, selon le cas. Vous commencez déjà à ruminer avant même d'avoir demandé un éclaircissement de la situation. Vous analysez les occupations de son temps libre, vous suspectez.

Le mal est fait et vous ruminez. Il peut se passer plusieurs mois avant de clarifier la vérité. Si cette vérité est anodine, vous aurez vécu le drame du ruminage pendant un certain temps. Même très court, c'est encore trop long parce que vous avez mal. Par contre, si cette vérité est réelle, si elle n'est pas le fruit de votre imagination, vous serez sous l'emprise du ressentiment.

Le ruminage peut être un objectif dans la découverte d'une solution gagnante. Il peut être destructif lorsque la cause est dramatique, ce qui entraîne l'insomnie, l'anxiété et aussi bien d'autres éléments destructeurs déjà étudiés. Dans ce dernier cas, passez à l'attaque et clarifiez vite la cause de votre peine.

LE RESSENTIMENT

ENNEMI DU CŒUR

En psychologie, on les appelle ressentiment, rancune, rancœur : ce sont les trois «R». C'est se souvenir avec animosité des torts qu'on a subis qui limite notre évolution. Élément destructeur, cette pensée sera conscientisée sur du négatif et prendra notre cœur comme acolyte dans l'élaboration de ce dossier appelé : ressentiment, rancune, rancœur, en développant la HAINE.

Le ressentiment n'est lié ni à la jalousie ni à l'envie. Il est lié à un tort causé par quelqu'un. On a fait des médisances ou des calomnies sur le compte de votre personne. Vous êtes congédié sans aucune raison valable, vous en voulez à votre employeur. Vous mettez un terme à une relation amoureuse, le ressentiment devient la vedette de vos pensées plusieurs heures par jour au début. Avec le temps, le deuil vécu, cela s'estompe.

Exemple : votre conjoint vous quitte ou c'est vous qui le quittez. Plusieurs heures par jour, vous vous rappelez les merveilleux moments vécus ensemble, que c'était un être exceptionnel, etc. Votre esprit voyage de souvenirs heureux en souvenirs heureux, évidemment. Votre cœur saigne, vous avez beaucoup de peine. Après un long moment de réflexion sentimentale, vous changez votre pensée et vous analysez l'aspect négatif de son comportement, de ses mensonges et peut-être de ses menaces. Finalement, vous avez l'orientation de vos pensées, et petit à petit vous reprenez le goût à la vie.

La durée de ce sentiment ne dépend que de celui qui l'entretient. La perte d'un emploi non justifiée vous laissera abasourdi sous le choc pendant des mois, voire des années. Vous êtes au neutre. Non seulement plus rien ne fonctionne, mais plusieurs situations peuvent s'aggraver : santé, côtés affectif et financier.

Chaque fois que l'un des trois «R» refait surface, ne sombrez pas dans l'entretien inconscient trop longtemps de ce schéma de pensée. Il est destructeur. La solution : vivez une ACCEPTATION même si cela est très difficile. Plus rapidement vous accepterez, plus vite vous solutionnerez.

LE RADOTAGE

GERME NÉGATIF

On attribue le radotage aux vieilles personnes parce qu'elles racontent souvent des propos décousus et peu sensés. *Le radotage, encore une expression colorée québécoise, que beaucoup développent avec ardeur sur le plan négatif.*

On radote rarement sur un fait heureux. En général, on radote sur des situations ou des propos malveillants, qui ont causé des émotions désagréables. On s'imagine qu'en radotant, on prévient.

Dit objectivement, c'est une forme de libération, et en même temps on s'assure que le message est bien compris.

Dit négativement, cela peut être une revanche malicieuse afin de remémorer à l'autre un souvenir blessant, une faiblesse humaine. Cet aspect peut même détruire l'évolution de la personne attaquée. Cela peut même, dans certains cas, créer un sentiment de culpabilité ou d'infériorité, selon le sujet du radotage.

Rabâcher continuellement, c'est épuisant et c'est démotivant pour le percepteur. C'est le genre de techniques dont l'entraînement est très facile, mais très peu objectif. Que vous vous radotiez des techniques d'une bonne gestion de pensée, c'est merveilleux. Que vous rabâchiez toujours les mêmes sornettes à votre conjoint ou à vos enfants à titre de prévention, par exemple, ça peut occasionner chez certains un sentiment de révolte, d'éloignement.

Soyez assez prudent avant de vous laisser aller sur une glissade de radotage. Il est trop facile de prendre une mauvaise tangente. Soyez vigilant avant de devenir des jeunes-vieux.

Si vous êtes du genre rabâcheur, changez de position, placez-vous dans la peau de l'autre personne. Quelle serait votre réaction? Quelqu'un qui ne cesse de vous harceler psychologiquement sur une tranche de votre personnalité qui lui déplaît, ou encore qui vous rappelle une erreur commise jadis? Déjà que vous aviez beaucoup souffert de cette bêtise et on s'amuse à vous blesser... Il y a ceux aussi qui sont comme des magnétophones, ils enclenchent la cassette de recommandations à l'infini. Une litanie de préventions qui souvent crée chez l'émetteur des inquiétudes et chez certains des angoîsses. La cause, un manque de confiance envers l'autre.

Évitez tout rituel de prévention. Que vous proposiez certaines recommandations, c'est très bien, mais de là à l'exagération, nuance!

Vivre dans l'équilibre, c'est vivre dans l'harmonie.

LA JALOUSIE

L'ADVERSAIRE DE L'AMBITION

Selon la définition du dictionnaire : *La jalousie est un sentiment mauvais qu'on éprouve en voyant un autre jouir d'un avantage qu'on ne possède pas et qu'on désirerait posséder exclusivement.*

Les personnes qui vivent de ce sentiment limitent leur générosité envers autrui. Elles ressassent continuellement leurs pensées sur la réalisation de leur prochain, oublient leur propre objectif pour idéaliser les autres.

La jalousie est un réflexe raisonnable. Analysez une situation afin de vous positionner est loin d'être de la jalousie ou un jugement téméraire. Au contraire, cela peut être un outil de motivation afin d'améliorer certains facteurs de votre personnalité.

Les jaloux maladifs détruisent leur entourage. Malheureux, ils entretiennent des jugements ambitieux. Très souvent, leurs remarques sur telle personne ou tel point sont synonymes de méchanceté. On reconnaît facilement une personne jalouse. Ses vibrations sont négatives, ses réactions physionomiques sont insensibles; elles ont un regard autoritaire et des lèvres tendues. Le ton de leur conversation est dictatorial.

La jalousie les obsède, ronge leur état d'esprit. Critique royale au quotidien, la personne crée l'impression d'être supérieure et meilleure.

Une personne jalouse vit dans son univers. Elle se détruit, se renferme sur elle-même et ses jugements sont limités aux critiques malsaines et maladives.

Si vous êtes parmi ceux dont la jalousie hante l'esprit et trouble la personnalité, attaquez maintenant avec sérieux. Avant aujourd'hui, vous n'étiez peut-être pas conscient que c'était la cause de votre insuccès. Le temps que vous investissez sur les autres ralentit votre cheminement. Cessez de caresser le négatif et reconnaissez leurs grandes qualités. Admettez avec sincérité leur bonheur, leur chance, leur talent. Arrêtez d'être CRITIQUE; soyez JUGE. Un juge honnête et juste.

Vous éprouverez un grand sentiment de fierté lors de vos premiers combats et surtout un sentiment de libération. Continuez à travailler sur vous-même et vous aurez de l'admiration pour l'extraordinaire personne que vous êtes.

L'ENVIE

L'ULCÈRE D'UNE VIE

L'envie, sentiment de tristesse, d'irritation et de haine.

Je connais des élèves chez qui ce sentiment est tellement fort, que depuis déjà trop longtemps, ils tournent en rond sans comprendre pourquoi.

Tous les succès, les bonheurs et les joies sont gérés par la pensée. Pour eux, la gestion est une obsession à questionner Dieu, l'Univers ou je ne sais qui ou quoi :

- Pourquoi, pourquoi, pourquoi...
- Pourquoi tout leur semble-il facile?
- Pourquoi eux et leur famille ne sont-ils jamais malades?
- Pourquoi l'argent leur sort-il par les oreilles? Ils en ont beaucoup trop, ils devraient partager avec nous.
- Pourquoi eux sont-ils toujours heureux?
- Pourquoi leurs enfants réussissent-ils très bien et les miens sont-ils moins remarqués?

Ils leur en veulent, leur reprochent leur facilité, leur succès. Ils s'occupent constamment de ce qui se passe chez le voisin. Lorsqu'ils se regardent, ils ne voient que l'aspect négatif et déprimant de leur vie.

À ceux-là, je CRIE : «MÊLEZ-VOUS DE VOS AFFAIRES! Arrêtez, vous perdez votre temps, un temps fou à savoir pourquoi, à essayer de comprendre l'injustice divine et sociale. Votre vie est déprimante parce que vous la vivez sur le dos du prochain. Vos rêves sont impersonnels et vos ambitions deviennent inaccessibles. Vous ne trouverez jamais aucune solution en étant constamment branchés sur l'un de vos semblables.»

Je sais que c'est loin d'être facile quand on a vécu toute sa vie au profit de l'envie. Arrêter maintenant semble possible pour les autres, mais pas pour vous. L'envie est comme un germe cancéreux qui se développe. Avez-vous imaginé un seul instant qu'elle sera votre vieillesse? Vous serez aigri, frustré, malveillant et désagréable.

Vous vivez dans l'amertume du passé, d'un passé inutile parce que vous l'aurez vécu en désaccord avec la grandeur d'âme et la magnanimité.

Mêlez-vous de vos affaires, cessez immédiatement de vous comparer aux autres et commencez à valoriser la merveilleuse personne que vous êtes. N'oubliez pas que toute votre vie dépend de votre façon de penser.

En débutant maintenant ce travail sur vous-même, ce sera l'HÉRITAGE de votre retraite.

LA HONTE

SOUFFRE-DOULEUR DE L'ERREUR

La honte réduit notre personnalité et détruit la confiance. C'est l'humiliation, le déshonneur d'une situation passée qui se vit au présent.

La honte est reliée à une erreur passée. Qui n'en a pas faite? En acceptant le fardeau de la honte, vous limitez les élans de votre personnalité. Vous vivez triste et malheureux. C'est reconnaître et donner raison au verdict de la société.

Élément de destruction, la honte. Il y a des gens qui vivent depuis trop longtemps en dessous de la jupe de la honte. Ils s'infiltrent dans la solitude, caressent le désespoir et s'enivrent de culpabilité. Ils sont perdus dans les nuages gris de leurs pensées.

Pour se sauver de cet handicap, il faut RECONNAÎTRE son erreur, ACCEPTER les conséquences de l'erreur, se PARDONNER car nul n'est parfait, et surtout s'AIMER.

Dites-vous que les gens qui ont du temps à perdre à vous juger, c'est leur problème. Maintenant, enlevez cette charge de vos épaules et affrontez la vie.

Souriez, le bonheur, c'est aujourd'hui; l'erreur, c'était hier.

LA HAINE

L'ENTRAÎNEUR DE LA VIOLENCE

J'aurais bien voulu éviter ce sujet, mais il faut bien l'admettre, la haine existe. Dans un monde soit disant civilisé, il y a des climats de violence et de révolte. Il serait trop simple d'attribuer aux guerres le terme de HAINE. D'ailleurs, je suis convaincu que parmi ceux qui se battent en temps de guerre, plusieurs le font pour l'honneur, certains par esprit de solidarité, d'autres par courage. Combien de soldats ou partisans le font avec la haine au cœur? J'ose croire qu'il y en a très peu.

La haine est plus dévastatrice autour de nous que sur un champ de bataille. Les gens s'entretuent beaucoup plus en paroles qu'en action. Les méchancetés verbales ont très souvent limité l'évolution de l'autre et causé des préjudices.

Ce qui développe la haine, je l'ai effleuré en vous définissant : RESSENTIMENT — RANCUNE — RANCŒUR — ENVIE. En alimentant vos pensées de cette manière, la haine se développe rapidement, et d'un simple sentiment, elle dégénérera en gestes violents.

Réfléchissez. Il y a beaucoup de jeunes aujourd'hui qui ont choisi de s'identifier à la violence, en se regroupant, en s'habillant de façon agressive et colorée pour attirer l'attention, s'affirmer ou se révolter contre les parents, l'éducation, le système. Mais au fond d'eux-mêmes, ce sentiment est loin d'être le reflet de leur personnalité. Ils cherchent leur vraie identité. Le chef de file, lui, s'alimente de haine pour nourrir ses ouailles de cette vibration fatale. Ignorant sans doute les forces énergétiques, il s'en sort par instinct pour apprendre à son commando à faire le mal. En fait, beaucoup de petits groupes créent des peurs et sèment l'agressivité.

Bien qu'aujourd'hui, je remets notre demain en question. Quels seront les effets secondaires de l'ère des jeux électroniques sur les enfants actuels? Sensations fortes du conquérant, ils apprennent à se battre contre l'imaginaire. Inconsciemment, ils développent en eux-mêmes un comportement de guerrier. Vu objectivement, cela peut être très bon et leur permettre de développer un sentiment d'autonomie très fort. Vu négativement, un sentiment de rébellion peut les animer.

J'ai l'impression que nous verrons apparaître très bientôt une génération de dominateurs, de machos qui, habitués à se battre avec un jeu, auront de la difficulté à s'intégrer dans une société calme et paisible.

Conséquences et séquelles : ma présomption est loin d'être chimérique. Aujourd'hui, dans les écoles, il y a une moyenne très élevée de jeunes qui sont armés. Ils se sentent menacés. Ils sont inquiets. Ils croient se protéger. Qui aurait pu penser aller à l'école armé à notre époque? C'était le temps du *Peace and Love*.

La société a besoin d'une thérapie URGENTE afin d'enseigner l'amour et non la guerre, la paix et non la violence. Heureusement que nous sommes dans l'ère du Verseau, ère de spiritualité.

La prévention contre la haine est l'amour, le pardon. S'il existait en vous un sentiment d'ENVIE ou de RESSENTIMENT, annulez l'évolution en appliquant les solutions suggérées. Protégez-vous de ces pensées qui sont de la pure autodestruction.

Si vous êtes d'un tempérament agressif dans vos discussions avec votre conjoint, ÉVITEZ les débats en présence de vos enfants et même de vos adolescents. Soyez discret afin de limiter les dégâts. Ce n'est pas toujours facile, je le sais, compte tenu que plusieurs circonstances peuvent être incontrôlables telles que : état d'ébriété, frustrations, incidences de la vie, etc.

Rappelez-vous que les pensées sont l'arme secrète du vainqueur.

LA CULPABILITÉ

ROBE DE L'ACCEPTATION SANS DÉFENSE

Au début du siècle, les femmes en général étaient les reines de la culpabilité. Elles s'offraient le luxe d'endosser le poids de toutes les erreurs, les échecs de leur environnement. En général, l'homme, par éducation, laissait la femme accepter la responsabilité tout en lui imposant ses lois. Elle n'avait pas d'autre choix que d'être soumise.

Cela vous surpend-il d'apprendre que cette situation existe encore, et beaucoup plus qu'on ne le pense? Comme vous le savez, je voyage beaucoup. Je suis souvent confronté à des personnes soumises et malheureuses. Presque sous la loi du silence, elles endurent, elles pleurent, elles acceptent. Moi-même j'avais de la difficulté à le croire. Cela arrive dans les grands centres urbains, mais c'est encore plus fréquent chez les villageois, dont les mœurs sont différentes. Les femmes ont peur de s'affirmer, de se responsabiliser.

Les femmes ne sont pas les seules à ressentir de la culpabilité; les hommes aussi. Il y a ceux qui assument non seulement la charge familiale, mais également la charge sociale.

En fait, la culpabilité fait partie intégrante de la personnalité. Certaines personnes se sentent coupables et assument tous les éléments de la culpabilité comme étant une tare de la vie. Elles n'ont jamais réalisé qu'elles pouvaient se défaire de ce sentiment. C'est pour elles un état normal. Elles se sentent responsables de tout, elles sont la cause de tout, c'est à cause d'elles que tout arrive. Est-il possible d'être heureux quand on accepte de compromettre son bien-être au prix du soulagement de ses proches?

Êtes-vous obligé d'être le bouc émissaire de tout le petit monde qui vous entoure? À la maison, comme au travail, pourquoi acceptez-vous tout sans jamais rien dire? Pour qu'on vous AIME? Parce que vous avez peur, pour redonner confiance à quelqu'un, pour ÉVITER des pertes, pour ATTÉNUER la situation... Peu importe la raison, vous croyez que c'est la solution. Mais vous avez tort.

Soit par éducation, soit par obligation, soit par esprit de sacrifice, vous vous livrez en pâture aux excès de toutes sortes : excès social, excès marital, vous subissez les chocs psychologiques dévalorisants de l'humanité.

Cessez immédiatement ce jeu. Reprenez-vous en main et laissez à chacun sa chance d'assumer ses responsabilités. L'erreur, l'échec, l'insuccès, la malchance de tous n'est pas l'affaire d'une seule personne. En acceptant le poids de la culpabilité, vous neutralisez l'opportunité des autres de s'affirmer en affrontant leurs problèmes, de mûrir, de s'épanouir, de devenir forts dans la vie. Vous limitez leur chance de réussir et de s'assumer.

Pour bien comprendre le sens de la culpabilité et jusqu'où vous vivez ce conditionnement mortel, ÉVALUEZ-LE. Prenez une feuille et faites la liste de tout ce que vous assumez comme charges psychologiques présentes et passées qui hantent votre mémoire et qui vous font souffrir.

Sans juger ni excuser, remettez à qui de droit la responsabilité de ses actes. Si c'est une situation reliée à l'erreur humaine, PARDONNEZ-VOUS. Si c'est dû à une incidence de la vie ou du destin, comme certains le croient, ACCEPTEZ-LE. Si vous avez couru après par faiblesse ou par ignorance, RECONNAISSEZ-LE.

Maintenant, imaginez vivre sans le fardeau de la culpabilité; vous vous sentez léger et enfin libre d'aimer la vie, les autres, vous-même.

Faites ce test et surtout ne le remettez pas à plus tard. Si vous vous êtes reconnu, c'est qu'il y a une part de vérité. APPRENEZ À VOUS DÉFENDRE!

L'INFÉRIORITÉ

Le «T'ES PAS» de la vie

On dit que certains souffrent d'un complexe de supériorité et d'autres d'infériorité. La supériorité chez quelqu'un est toujours apparentée à l'orgueil, l'infériorité à la médiocrité. Ce n'est pas l'explication d'un dictionnaire, c'est la version vivante du mot.

Un jour, j'ai connu quelqu'un qui m'avouait qu'à trente-cinq ans, il ne se trouvait pas intelligent, qu'il avait la nette impression d'être idiot, car il ne faisait que des gaffes. Je lui ai demandé de s'expliquer. Il réalisait que chez lui, son mécanisme réactionnel fonctionnait comme au ralenti. Très malheureux de son état d'esprit, il ruminait son enfance avec regret.

Durant toute son éducation jusqu'à sa maturité, ses parents l'ont qualifié de sobriquets dégradants tels que : stupide, imbécile, innocent, cabochard, nono, etc. De plus, on le battait régulièrement. Il ne s'est donc jamais senti aimé.

Travaillant avec lui, je me suis vite rendu compte qu'il avait besoin d'un guide en permanence. L'initiative était hors de son degré d'aptitudes; il était bloqué. Il exécutait les directives et ce qu'il connaissait avec adresse et perfection. Si un élément nouveau se présentait, il devenait complètement perdu. Bon travailleur, ponctuel et honnête, je l'acceptais comme il était. À travers lui, j'ai grandi, car il a mis ma patience à rude épreuve.

Cet homme a grandi avec T'ES PAS. T'es pas assez fort, t'es pas assez grand, t'es pas comme celui-ci ou celui-là, t'es pas intelligent, t'es pas...

L'histoire de cet homme est peut-être aussi la vôtre. En pensée, vous avez entretenu cette chanson démoniaque qui a détruit votre confiance en vous, en ternissant votre personnalité réelle par de la faiblesse. Irresponsable, vous avez grandi dans l'éducation de l'identité d'un autre moi.

Vous vous sentiez exclu d'un groupe de gens ou d'une association parce que vous aviez appris à penser et à dire : «Je ne suis pas». Vous aviez peur du risque, de vous affirmer, d'émettre votre opinion parce que toute votre enfance, vous aviez entendu T'ES PAS, et depuis vous ne saviez dire JE NE SUIS PAS.

C'est catastrophique de réaliser qu'une vie est presque ruinée à cause de T'ES PAS. Si vous vous reconnaissez et que vous êtes de ceux qui disent : «Je ne suis pas», reprenez confiance en vous, rebâtissez votre vraie personnalité. Vous commettrez certaines erreurs, quelques bévues, et après? Vous avez le droit d'apprendre et de découvrir toutes les forces qui vous habitent. Jusqu'à ce jour, combien de fois avez-vous refusé ceci ou cela à cause de T'ES PAS? Vous vous êtes même empêché de vivre à cause de T'ES PAS.

Maîtrisez vos pensées et ne laissez plus cette expression vous anéantir. À chaque occasion, reprenez-vous et menez ce combat avec ténacité Ainsi, vous serez le vainqueur de «t'es pas».

L'homme dont je vous parlais a aujourd'hui une entreprise dont le succès est le couronnement de ses efforts. Il a réagi.

Faites comme lui, RÉAGISSEZ, le vainqueur est en vous.

LE DOUTE

CALAMITÉ HUMAINE

C'est le parasite de la vie. Il empêche le fonctionnement parfait des pouvoirs énergétiques. Il détruit l'ambition, il arrête la transmutation de nos pensées. C'est le pire ennemi contre lequel nous devons mener continuellement un combat et avec lequel on doit toujours être en alerte.

Faites un examen de conscience, vous constaterez l'ampleur que le DOUTE a eu sur vos réalisations. Chaque expérience de vie, vous avez mis à profit votre bagage de connaissances et d'expériences SANS le partenariat du DOUTE. Vous avez réussi. Les tentatives qui se sont avérées un insuccès, c'est que vous faisiez équipe avec le DOUTE.

Quand je dis que c'est le parasite de la vie, avec toutes mes expériences, je suis convaincu qu'il n'y a rien de pire. Depuis le début de cet ouvrage, je vous explique que tout est énergie, et que sans le contrôle de la pensée, vous refusez la plus grande force motrice existante. C'est par elle et elle seule que se réalisent vos désirs. Quand vous doutez des possibilités de réalisation, quand vous doutez de vos forces spirituelles, quand vous doutez de VOUS et de vos pouvoirs illimités, automatiquement vous perdez le combat. Le DOUTE neutralise toutes vos pensées, vos énergies, vos vibrations. C'est comme si un obstacle démesuré vous empêchait de vous réaliser. C'est déjà la fin avant le commencement.

Le doute crée un élément d'ANNULATION, comme un fusible. Lorsque la surcharge électrique est trop grosse, il arrête le courant. Le doute anéantit le VOUS, il paralyse l'homme, il le limite dans toutes ses possibilités. Le doute est l'ennemi numéro un. Il vous manipule, vous limite, assure la destruction de vos rêves. Il y a un dicton : *Les rêves deviennent réalité*. Il y a une seule et unique condition pour que cela se réalise: NE PAS AVOIR DE DOUTE.

Vous avez fait votre examen de conscience? Et alors! N'est-ce pas la vérité? Quand le doute était hors du circuit de vos pensées, vous vous êtes réalisé. Plus encore, vous êtes allé au-delà de vos limites, vous étiez convaincu et vous n'avez laissé aucune place, même une toute petite, à votre ennemi le doute. Vous n'aviez jamais réalisé que la réussite de votre expérience était due à l'absence du doute. Pourtant, c'est vraiment la SEULE et UNIQUE cause qui aurait pu supprimer votre idéal.

Dans votre examen de conscience, vous avez remarqué que tous les insuccès de vos projets étaient dus en majeure partie à vos doutes. Il est certain que le doute n'est pas le seul élément destructeur d'un rêve entamé et non concrétisé. Dites-vous bien qu'il est la cause de tout phénomène d'annulation à quatre-vingt-quinze pour cent. Le reste peut être dû à certains autres éléments que personnellement je refuse d'accepter.

Dans mon cœur, je suis convaincu qu'il est le responsable à cent pour cent de tout ce qui est en cause. J'étudie son comportement depuis des années. J'analyse continuellement son intervention chez les personnes. Le DOUTE annule le pouvoir de nos pensées, détruit nos rêves et sabote notre vie.

Je sais que d'être sous l'emprise du doute est comme être coincé dans un placard fermé à clé. Il n'y a pas d'issues, pas d'autres sorties. On doit attendre que quelqu'un d'autre ouvre la porte de l'extérieur ou DÉFONCER la porte pour être enfin libéré. Évitez d'être sous l'emprise du doute, libérez-vous de ses forces négatives, reprenez vite le contrôle de vos pensées.

Je vous certifie que d'expérience en expérience, chaque fois que vous contrôlerez le doute, vous réussirez. Avec le temps, vous réaliserez que le doute vous a manipulé pendant trop d'années pour lui laisser encore le minimum d'emprise sur votre vie.

Est-ce que moi j'ai encore des doutes? Jamais! Peu importe la situation, l'objectif, le rêve, je ne laisse pas au doute la plus petite possibilité de venir perturber mes pensées. Je connais trop bien son pouvoir destructeur des énergies et je lui refuse toute complicité, même s'il ne s'agit que de quelques secondes. Je n'oserais prendre un tel risque de me laisser sombrer dans le marasme destructeur du doute.

Le doute vous répond et il réagit en vous : *Il me contrôle, il est le vainqueur de notre bataille. Mais toi, tu n'arriveras jamais à m'éliminer de tes pensées. Tu sais que je suis comme un aimant, je suis collé à toi pour toujours et patati et patata...*

Réalisez-vous que déjà, en lisant ces lignes, il s'infiltrait dans vos pensées pour vous perdre dans des distractions négatives, et encore une fois vous manipuler?

Je le connais bien, monsieur Le Doute, il est comme un fin renard, il vous attaque sournoisement et essaie par tous les moyens de vous brancher sur la défaite. Il détruit tout ce qui est idéal, ambition, rêve. Il ne laisse aucune chance, il veut rester le maître de vous-même.

Je ne suis plus le seul à avoir mené et gagné cette bataille. Il y a maintenant un nombre considérable de personnes qui se sont attardées sur son sujet. Après mûres réflexions, elles ont compris qu'il était la cause flagrante de leur désespoir. Elles se sont soumises à une réglementation attentive : ÉLIMINER LE DOUTE.

«Bien, que puis-je faire avec le DOUTE?» me demandez-vous. Chaque fois que vous avez une pensée de doute qui s'infiltre dans votre mécanisme, ÉLIMINEZ-LA par une pensée de qualité objective. Remémorez-vous les résultats de votre examen de conscience; les succès obtenus et les échecs subis par vos doutes; d'expérience en expérience, les résultats du conquérant sur ses doutes, des victoires sur ses ambitions. Vous réalisez que le doute était la grande cause de vos limitations. Ni moi ni personne ne fera cette démarche à votre place. Vous seul avez ce pouvoir et vous seul aurez le mérite de la victoire.

Projection intéressante mais irréalisable, pensez-vous! Encore monsieur Le Doute qui ne laisse aucun répit. Il profite des milliers de fois par jour de prendre l'opportunité d'avilir vos forces de penser. Lui, il ne laisse absolument aucune chance. C'est vous ou lui, sans aucune autre alternative, sans compromis. Qui sera le vainqueur et qui sera le vaincu?

N'avez-vous pas été le vaincu pendant assez d'années? Avant, vous aviez les excuses de l'innocence. Vous ne saviez pas que la grande cause de vos insuccès était votre partenariat avec monsieur Le Doute. Aujourd'hui, c'est différent.

Évidemment, vous pouvez refuser d'admettre cette possibilité (dites-vous bien que ce n'est pas vous, mais encore LUI qui s'impose) et continuer à subir son influence maladive et dévastatrice, ou vous pouvez vous prendre en main avec courage et vigilance. Il n'y a pas d'autres alternatives, c'est l'une ou l'autre. La victoire ou la défaite.

C'est toujours le même principe, pour la victoire, l'arme du vainqueur est l'entraînement. Mitraillez vos doutes sans remords et votre succès est garanti.

La mitraillette du vainqueur
se nomme entraînement

PRÉJUGÉ

CELUI QUI JUGE SERA JUGÉ

Les préjugés ont une force dévastatrice démentielle, bien qu'ignorée pour la plupart d'entre nous.

Il y a des préjugés qui font lois, selon le milieu social : la caractérologie de l'événement. Dans l'évolution de notre monde, certaines caractéristiques marquantes ont été associées à l'ensemble d'une communauté ou d'un groupe de gens ciblés.

En adhérant à ce jeu du jugement enfantin, vous ouvrez grandes les portes aux jugements pernicieux. Dès que vous vivez une situation trouble, votre esprit s'égare en analyses négatives sur le candidat impliqué, et de là naissent des jugements téméraires qui, au lieu de vous grandir en générosité collective, vous referme sur vous-même et vos pensées négatives.

Au lieu de juger avec sévérité, soyez indulgent et essayez de comprendre. On ne peut pas tous avoir les mêmes goûts, la même personnalité, les mêmes affinités, être tous identiques comme des clônes. Nous serions alors comme robotisés, sans aucun attrait particulier qui fait le charme de l'individualité.

Chaque geste que l'on pose, chaque remarque que l'on fait ne fait pas nécessairement l'unanimité. C'est normal. Pourquoi alors critiquer et juger notre prochain? On se fait du mal (par les retours énergétiques de la pensée), tout en blessant les autres par nos remarques désobligeantes. Un jugement de sévérité et capricieux développe un esprit

ÉTROIT, un esprit de sainte-nitouche. Vos échanges culturels et sociaux se refermeront car avec des préjugés et des jugements trop draconiens, vous détruisez votre charme.

Esprit de contradiction et de controverse, vous éloignez vos amis. Vous avez le droit de critiquer et d'émettre votre opinion, c'est juste. Cependant, quand vous usez de ce droit, assurez-vous de toujours présenter les deux éléments de l'observation, soit l'aspect négatif en premier, concluez par une note objective. On remarquera beaucoup plus votre sens de justice et d'équilibre que celui de destruction avec ses critiques avilissantes.

Il y a PIRE encore que critiquer et juger les autres. Il y a ceux qui décident du jugement des autres avant même d'avoir osé faire un premier geste. Ils décident ce que les autres vont penser d'eux. Ils sont convaincus et certains de... Finalement, afin d'éviter d'être jugés comme ils l'avaient décidé, ils refusent d'agir, ils restent cloisonnés dans leur petit univers.

Vous ne pouvez imaginer combien de personnes souffrent de ce schéma de pensée. Ils n'osent pas sortir de la maison parce que les voisins vont penser que... et dire que... Quelle tristesse de vivre sous l'emprise d'un geôlier (de pensées), qui vous emprisonne dans votre propre maison, qui vous limite à vivre et cela seulement par vos pensées. Vous avez peur des ragots et des potins sur votre compte.

Si vous vivez et pensez comme cela, c'est que vous jugez les autres avec sévérité et vous croyez aussi être jugé. Occupez-vous seulement de vous et laissez vivre les autres. S'il y a certains éléments ou certains points qui vous contrarient chez certaines personnes, soyez honnête et faites-leur part de vos appréhensions ou de vos critiques. Ils seront heureux de constater votre intérêt à l'entretien de votre relation.

Soyez réaliste, arrêtez de JUGER et ayez un esprit ouvert, cela garde jeune. Sinon, vous vieillirez seul et oublié.

LA MÉDISANCE

VÉRITÉ QUI DOIT ÊTRE SECRÈTE

Une vérité qui se doit d'être gardée pour soi et qu'on ne doit pas répéter. Une expérience vécue par vous-même que vous devez garder pour vous.

Les cancans sont le fruit défendu du jugement. Par vos bavardages, vous risquez d'envenimer une situation, et très souvent elle prendra des proportions dramatiques selon les faits. ATTENTION! c'est trop facile de raconter des potins, ça colore les conversations au détriment des autres. Je suis certain que vous avez bien d'autres sujets intéressants qui meublent vos causeries sans détruire l'apanage de votre prochain.

N'oubliez pas que lorsque vous parlez en mal de quelqu'un, votre énergie influence les autres à parler de vous. Vous vous souvenez de la loi du retour? Ne soyez pas surpris si vous entendez des ragots à votre propos.

Une médisance est toujours négative. Les propos objectifs sont toujours agréables à partager et à entendre. La loi du retour est valable dans les deux sens, objectif négatif, bon mauvais.

LA CALOMNIE

MESSAGE QUI ATTAQUE LA RÉPUTATION ET L'HONNEUR

Il est trop facile d'inventer de toutes pièces un scénario bâti sur un jugement faussé par les émotions, sachant bien volontairement que vous vous attaquez à la réputation de quelqu'un afin de la démolir. Méchanceté!

Vous avez le droit à votre opinion. Un message n'est pas une opinion, c'est une invention. Votre imagination fertile peut blesser, par cruauté.

Croyez-vous sincèrement juste et honnête une telle démarche? Se référant aux autres pensées malsaines étudiées, vous n'avez pas peur d'être un jour victime de calomnies?

Comment vous en défendriez-vous?

Je ne sais pas qui a dit : LE SILENCE EST D'OR.

LA COLÈRE

MÈRE DE L'AGRESSIVITÉ

On peut vivre la colère en pensée, mais c'est surtout une réaction spontanée causée par un manque de contrôle de son mécanisme. C'est comme une surcharge de vibrations négatives qui explose d'une trop grande accumulation d'énergie.

La colère, c'est un accident de parcours qui libère momentanément les angoisses, les anxiétés, le stress, les inquiétudes, le ressentiment.

Vous avez accepté en silence trop longtemps des situations, des faits qui vous ont miné et BANG! vous explosez.

IL VAUT MIEUX ÉVITER L'ACCUMULATION D'ASPECTS NÉGATIFS ET EN DISCUTER!

Il y a ceux qui font des colères nerveuses. D'un tempérament excessif, ils réagissent spontanément sur tout. On devient très méfiant avec des gens colériques car on ne sait jamais sur quel pied danser. La colère entraîne souvent la violence.

On a vu les causes psychologiques, il y a aussi les causes extérieures qui sapent la personnalité : l'alcool et les drogues sont souvent complices de la colère.

Vivez calmement avec confiance et sérénité. Évitez les excès, éliminez ce qui vous rend colérique en pensée et en action.

Reprenez le volant de votre vie

L'IMPATIENCE

COMPLICE DE LA COLÈRE

Comme la colère, l'impatience est impulsive, elle est une réaction créée par un surplus d'éléments négatifs. Vous avez oublié ou cessé de gérer votre équipement mental, et voilà que l'engrenage est déréglé.

Tout est interrelié. Si vous êtes bien avec vous-même et que vous avez le plein contrôle, vous êtes patient. C'est lorsque tout se brouille et qu'on laisse ses pensées se perdre en réaction qu'on perd le contrôle. En gérant ses pensées, on temporise notre tempérament et on embellit notre personnalité.

Avez-vous remarqué que tout est de cause à effet? Les pensées interagissent sur nous à plusieurs niveaux :

- attitude;
- état d'esprit;
- état d'âme;
- caractère;
- tempérament;
- personnalité.

Je vous ai souvent parlé des forces motrices de vos pensées. En vous présentant toute la complexité du mécanisme depuis le début de l'ouvrage, vous auriez trouvé ardu de comprendre cette démarche, croyant devoir travailler sur tous ces points de l'ensemble caractéristique de l'homme pour enfin apprendre à gérer vos pensées. Eh bien non, c'est le contraire. En gérant vos pensées

- l'attitude change;
- l'état d'esprit s'équilibre;
- l'état d'âme est heureux;
- le caractère s'assouplit;
- le tempérament s'harmonise extérieurement par votre intérieur;
- la personnalité change.

En travaillant sur la qualité de vos pensées, vous travaillez sur vous-même en entier.

Je ne compte plus le nombre de commentaires élogieux que j'ai reçu grâce à cette technique. J'en ai retenu un qui m'a fait réaliser tous les bienfaits de *Gestion de la Pensée*.

Monsieur Jean-Marie Nantermans de Bruxelles me disait: Gestion de la Pensée *est comparable à un scalpel, alors que tout ce qui existe en matière de croissance, c'est comme des couteaux de cuisine*.

Gérez vos pensées,
vous serez chirurgien du moi

L'ÉGOÏSME

L'EXCENTRICITÉ D'UN PAUVRE ESPRIT

Une personne égoïste vit sur l'attachement excessif d'elle-même, c'est une plaie sociale. Égoïste dans ses pensées, égoïste en tous points : attitude, état d'esprit...

Il est très difficile de côtoyer un type de personnes égoïstes parce que c'est contre un principe de base vital : l'amour, le don de soi.

Ça se remarque très facilement en société parce que les égoïstes ont très peu d'amis en général. Quelques connaissances et quelques relations superficielles meublent leur vie. Les contacts avec les autres sont limités à cause d'eux. En pensée, ils sont renfermés dans leur petit monde, comment voulez-vous qu'ils soient d'une générosité remarquable? S'ils l'étaient, ce serait en troquant un geste pour un autre.

La gratuité, chez un égoïste, n'existe pas. Tout est calculé. Je me permets une note humoristique en ajoutant : ils gèrent très bien leurs pensées! En se basant sur la définition de gestion, ils calculent. Ce sont des profiteurs et par tous les moyens, ils réussissent à vous manipuler afin de protéger leurs intérêts au détriment des vôtres.

Ce qu'il y a d'extraordinaire, c'est que par vos pensées, vous pouvez remédier à la situation. Exemple :

Étant égoïste, devenez généreux, altruiste, découvrez le vrai bonheur de donner. Commencez en spiritualité avec les équivalences (première partie), le reste s'enchaînera.

Si vous connaissez une personne égoïste, par vos pensées, vous savez que vous pouvez la changer et faire d'elle une personne généreuse. Si vous la pensez égoïste, elle le restera.

Maintenant, regardons la façon de modifier un élément pernicieux de sa personnalité. Une personne est égoïste. Je CHANGE ma manière de penser, je la crois généreuse, obligeante. Donc, j'émets des vibrations de générosité, d'obligeance. Ce sentiment s'imprime en elle comme un carbone entre deux feuilles.

Je me suis servi de l'ÉGOÏSME pour vous faire remarquer les grandes possibilités en vous. Il va de soi que c'est exactement le même procédé pour tous les éléments de personnalité qui ne sont pas conformes avec vous-même.

Je réalise votre réaction. Vous vous dites : «C'est entraver la vie de l'autre, on n'a pas le droit de s'interposer comme ça...», etc.

Vous le faites dans un but noble et objectif; en premier lieu, c'est pour son bénéfice, et ensuite, pour l'ensemble de la communauté. Au cas où vous utiliseriez vos pouvoirs afin de détruire, je m'empresse de vous rappeler la loi du boomerang.

MAUVAISE HABITUDE

PERTURBATION INTÉRIEURE QUI S'EXTÉRIORISE

Manière d'agir individuelle, fréquemment répétée. Dans la pratique, vous avez reconnu chez vous ou chez les autres la ou les mauvaises habitudes.

En résumé, une mauvaise habitude est tout ce qui est EXCESSIF. Exemple : dans la cuisine, qu'il repose sur le comptoir quelques fruits, dans un recoin particulier un léger amas de factures et autres, autour du lavabo un peu de vaisselle sale, ce n'est pas du désordre, c'est une cuisine vivante.

Dans votre chambre, qu'un vêtement soit déposé sur un fauteuil ou repose tout simplement sur le lit, la chambre n'est pas en désordre, c'est une chambre animée.

Vivre dans le désordre c'est : dans la cuisine, tout est sans dessus-dessous, il y a une montagne de vaisselle à laver et pleins de trucs à ranger... Quand la chambre ressemble plus à un placard mal rangé, ça c'est du désordre excessif. Consommer du vin ou de l'alcool raisonnablement, c'est social; être alcoolique c'est excessif.

Les mauvaises habitudes reflètent un désordre intérieur. L'extérieur est le miroir de l'intérieur.

Chez les adolescents, c'est une mode de vivre dans une chambre ou un studio complètement pèle-mêle. C'est normal, ils sont perturbés vis-à-vis de leur futur. Leur intérieur est manifestement troublé, leur environnement l'est aussi.

Évidemment, vous pouvez aussi négocier en travaillant avec les énergies universelles. Des parents m'ont confirmé un nombre incalculable de fois qu'avec l'énergie de l'Univers, leurs adolescents avaient promptement réagi et nettoyé leur environnement.

Je ne le répéterai jamais assez : **tout est énergie et tout est régi par la pensée.**

Les rêves sont des énergies uniques

VOLEUR DE TEMPS

LA RUINE DE LA VENTE

Cette clé du voleur de temps s'adresse à tous, mais surtout à ceux qui sont travailleurs autonomes.

Pour un vendeur, le temps c'est de l'argent. Un vendeur qui gère mal ses pensées, son temps, son esprit lui livre des pensées qui le neutralisent et ont pour cause :

- une mauvaise organisation du temps;
- un mauvais emploi du temps;
- une perte de temps.

Les résultats de ses ventes seront le reflet de ce déséquilibre. Le vendeur laisse ses pensées vagabonder au gré des aléas et accepte d'investir son temps au gré des impulsions momentanées.

Au lieu d'aller vendre, prospecter, tout est prétexte pour faire autre chose :

- il fait trop beau... le monde ne sera pas motivé...
- il fait mauvais temps, c'est déprimant...
- cette période de l'année est...
- il est trop tard maintenant...

Pour un vendeur autonome, gérer ses pensées est essentiel pour la réussite. Dans les années 1970-1980, la motivation était la source de stimulation pour une production stable. C'est encore le cas aujourd'hui, mais les compagnies s'attardent plus à une gestion équilibrée du conscient et s'assurent d'une constance au niveau de la rentabilité.

Avec les énergies, les vendeurs deviennent des champions. En pleine récession, il y a des agents immobiliers qui ont battu des records de vente. Des courtiers, des agents d'assurance ont réalisé des objectifs faramineux. Des vendeurs de tous les domaines s'assurent de la première place dans leur milieu.

Je ne vous parle pas de cas isolés. Je vous parle de l'ensemble des vendeurs qui ont appliqué les techniques de *Gestion de la Pensée*. Professionnels, ils le sont, ils connaissent leurs produits et les techniques de vente. Ce qui leur manque, c'est l'assiduité dans le rendement. Avec *Gestion de la Pensée*, ils ont en main un processus très simple et efficace d'utilisation des énergies. Leur succès est la récompense du bon gestionnaire.

Le «voleur de temps» agit aussi sur d'autres personnes dont ceux qui souffrent de la «remettomanie», c'est-à-dire remettre à demain, remettre à plus tard. Beaucoup de personnes sont caractérisées par cette dépendance vicieuse, leur manque de ténacité dans leur emploi du temps.

Tout comme le vendeur, la fermeté de vos décisions aura gain de cause sur l'organisation... et l'emploi du temps.

MANQUE DE CONFIANCE

LA MALADIE DU SIÈCLE

Je vous en parlais dans la première partie du livre (voir page 41). Relisez ces pages pour bien saisir et surtout comprendre toute l'implication de la CONFIANCE EN SOI dans votre vie.

En conclusion, pour arriver à bien GÉRER sa vie, il faut avant tout GÉRER ses pensées. En terminant la lecture de cette partie du livre, vous avez réalisé que tout est une question de conditionnement mental. Cesser un seul jour son entraînement, c'est retomber dans ses vieux schémas de pensée. Vous stagnerez ou reculerez, et cela retardera votre objectif.

Pour gagner, il faut d'abord PENSER, puis GÉRER, et en conclusion, vous GAGNEREZ. On ne peut inverser les étapes, c'est une règle fondamentale.

Je sais que beaucoup de personnes sautent vite à la conclusion pour GAGNER. Vous réaliserez que ce n'est pas juste en appliquant quelques formules ou quelques exercices que le tour sera joué.

Ça marchera certainement, mais pour une réussite constante, pour vivre dans l'euphorie du bonheur, ce ne sont pas des expériences partielles qui vous feront atteindre la béatitude.

Pourquoi se refuser ce droit aphrodisiaque quand la source maîtresse est en vous? Vous seul pouvez répondre à cette question.

Je me suis fait un devoir de vous sensibiliser à PENSER et à GÉRER, maintenant RÉCOLTEZ!

Moi, je continue mon entraînement journalier, car pour rien au monde, je ne troquerai mon bien-être.

JE GAGNE...

GAGNEZ...

Madame La Chance

Madame La Chance existe-t-elle? Certains me diront oui et d'autres non. Ce que j'entends le plus souvent c'est : «Chacun fait sa chance».

En effet, selon moi, LA CHANCE EXISTE. Cette intervention est régie par la PENSÉE. Pensez «chance», il en est ainsi, pensez «malchance», il en est de même. Depuis des années, je véhicule cette méthodologie et j'ai constaté que celui qui a une chance plus remarquable a tout simplement pensé «chance». En pensant «chance», il est objectif et est à l'affût dès que l'occasion se présente; il s'en sert comme étant sa chance.

Celui qui est déprimé et malheureux, qu'espère-t-il de la chance? Pour lui, c'est la solution miracle, seulement le gros gain à la loterie, au tiercé ou au casino. Toute sa vie, il la vit en rêve et l'espère, sans jamais la côtoyer. Pourtant, la chance s'est présentée sous différents aspects au cours de sa vie, mais aveuglé par le découragement, il ne l'a pas reconnue.

Pourquoi quelqu'un gagne-t-il à la loterie, ou à d'autres jeux de hasard, alors que tant d'autres, éperdus de rêves, y perdent toutes leurs illusions? Pourquoi telle jeune fille, qui ne demandait rien, est-elle propulsée vers la gloire parce qu'un producteur de cinéma l'a remarquée dans la rue? Pourquoi un écrivain rencontre-t-il une espèce de Père Noël qui distribue ses générosités sans compter?

Existe-t-il des principes, des recettes à suivre pour attirer la chance? Est-on plus ou moins malchanceux selon sa naissance, sa famille, son pays ou ses occupations?

Selon Henri Prémont (*Cap sur la chance*, éd. de Mortagne), les mathématiques n'apportent guère de réponse à ces questions. La chance est tout aussi irrationnelle que fugace et, pourtant, il y a des séries de chances comme il y a des séries noires. En fait, on distingue deux types de chances : le type actif et le type passif.

Un sociologue canadien a essayé, il y a plus de quinze ans, de cerner d'aussi près que possible le type actif. Il a questionné des centaines de personnes qui avaient de la chance dans la vie, et, en analysant leurs réponses, il a pu en déduire deux principes de base.

Le premier est que les personnes qui ont de la chance ont un trait de caractère commun : elles adressent la parole à n'importe qui. En d'autres termes, elles n'ont jamais peur des autres et elles n'hésitent pas à poser des questions autour d'elles, soit pour se faire aider, soit pour récolter un tuyau intéressant.

Les timides seraient donc exclus de la foire à la chance, et ils devraient se débarrasser de leur timidité le plus vite possible.

Le second principe de base de la chance serait le suivant. Quand quelqu'un met en branle un projet, une entreprise ou une étude, il doit toujours prévoir une solution de rechange, au cas où cela tournerait mal. Autant dire qu'il ne faut jamais mettre tous ses œufs dans le même panier : il vaut mieux risquer seulement la moitié de ce que l'on a plutôt que de faire face à une perte énorme.

Je ne sais pas qui a dit : *Le hasard n'existe pas, c'est une loi qui voyage* incognito. Je suis de cet avis, je ne crois pas au hasard, je crois aux forces extrêmes de la pensée.

MON PORTE-BONHEUR

Le temps passe, les modes changent. C'est la même chose pour les porte-bonheur. Aux environs de 1960, la mode était aux «pattes de lapin». Il y en avait de toutes les couleurs, de toutes les grosseurs. Tout le monde avait sa patte de lapin.

Dernièrement, j'ai remarqué que les «dés» avaient conquis le marché. Il en existe un assortiment complet, de toute texture, de tout format et de toute utilité. Pour vous faire une liste de ce qui existe, j'aurais besoin de deux pages au moins, c'est incroyable!

Depuis toujours, on commercialise «porte-bonheur, amulette, fétiche, gris-gris, talisman». La seule et unique vérité est que c'est vous qui lui avez donné énergiquement la vocation de PORTE-CHANCE, par la pensée. Soyez assuré et convaincu que peu importe l'objet que vous authentifiez comme porte-bonheur, il assumera parfaitement son rôle.

C'est une question de croyance, donc de pensée. C'est toujours selon **l'intention au cœur**.

Lorsque vous achetez un objet et que le vendeur vous assure qu'il est bénéfique, vous le croyez, vous le pensez, c'est vous qui le rendez MAGIQUE. Le jour où vous déciderez qu'il n'a plus aucun pouvoir fantastique, il n'en aura plus. Vous le remplacerez par un autre.

Les premiers fétiches furent des cailloux portant des marques particulières, et depuis lors, les hommes ont toujours recherché les «pierres sacrées». Un collier était jadis une collection de pierres sacrées, une trousse d'amulettes. Bien des tribus eurent des pierres fétiches, mais peu de ces fétiches ont survécu, comme la pierre noire de la Caaba et la pierre de Scone. Le feu et l'eau figurèrent aussi parmi les premiers fétiches. L'adoration du feu ainsi que la croyance à l'eau bénite survivent encore.

Certains jours de la semaine étaient des fétiches. Pendant des âges, le vendredi a été considéré comme un jour de malchance et le nombre treize comme mauvais. Les nombres heureux trois et sept virent des révélations ultérieures. Le quatre était le chiffre de chance des primitifs parce qu'ils avaient reconnu de bonne heure les quatre points cardinaux. Ils croyaient que le fait de compter le bétail ou d'autres biens portaient toujours au recensement.

La salive était un puissant fétiche; on pouvait chasser les démons d'une personne en crachant sur elle. Le plus grand compliment des aînés ou des supérieurs consistait à cracher sur vous. Certaines parties du corps humain furent regardées comme des fétiches potentiels, en particulier les cheveux et les ongles. Les cordons ombilicaux étaient des fétiches hautement appréciés et le sont encore aujourd'hui en Afrique.

Le premier jouet de l'humanité fut un cordon ombilical conservé. Orné de perles, comme on le faisait souvent, il fut le premier collier des humains.

Nombre de personnes considérait les génies comme des personnalités fétiches, possédées par un esprit sage. Ces hommes de talent apprirent bientôt à recourir à la fraude et à des stratagèmes pour servir leurs propres intérêts. On croyait qu'un homme fétiche était plus qu'humain; il était divin, voire infaillible. C'est ainsi que les dirigeants, rois, prêtres, prophètes et chefs d'Église finirent par disposer d'un grand pouvoir et par exercer une autorité démesurée[1].

De tout temps, le mouvement porte-bonheur ou fétichisme a existé. Certains ont disparu, d'autres vivent encore dans l'esprit des gens. C'est une question de croyance, de pensées. Qu'en pensez-vous?

---

1. Prémont, Henri, *Cap sur la Chance,* éd. de Mortagne, Boucherville, 1993.

La puissance du verbe

Le vocabulaire est une grande richesse que nous possédons. Dans les mots réside toute la puissance de l'énergie créée par la pensée. Inconsciemment on parle d'une façon cavalière, selon le milieu social et l'éducation.

Un tel laisser-aller est irraisonné : **l'énergie du vocabulaire** est un bien très précieux qui dort et qui peut dormir encore longtemps si, dès maintenant, vous ne réagissez pas.

Votre langage est créé par votre mécanisme de pensée conscient et inconscient. On parle sans réfléchir, on dit n'importe quoi, ce qui nous passe par la tête, histoire de meubler une conversation, de faire de l'humour, d'obtenir une réaction de l'interlocuteur, de faire l'interraction d'une conversation, tout cela est conditionnel à la parole. Cette parole est une énergie et elle diffuse ses ondes vibratoires autour de vous; elle APPLIQUE le SENS PROPRE du terme, comme si cet univers n'était pas doté d'une intelligence pour faire la différence entre le sens propre et le sens figuré, le sens humoristique et le sens réel du verbe.

En effet, l'Univers n'est pas intelligent. Pourquoi? Parce que c'est une énergie PURE et SIMPLE. Une énergie extrêmement puissante qui impose des lois naturelles inconscientes à l'homme. Depuis toujours, l'homme a parlé, depuis toujours, il a récolté la force du verbe sans y porter une attention particulière et toujours en subissant les contrecoups de la parole. Jamais il n'a vraiment pris conscience de la magie des mots. Il récolte les conséquences en ignorant les dommages qu'il s'inflige dans le cheminement de sa vie.

On parle en enrobant nos vies d'une couleur énergétique appelée PAROLE, sans avoir analysé un seul instant tout l'impact que celle-ci a sur notre vie. D'une façon machinale, on utilise le verbe pour exprimer sa pensée, pour échanger.

Que ce soit dans une optique de communication publique telle que les médias, les conférenciers, les professeurs, ou dans un simple échange entre une ou plusieurs personnes, les règles de base de l'énergie universelle s'appliquent inconditionnellement, que vous le sachiez ou non, que vous le réalisiez ou non, que vous le vouliez ou non. Ces règles de base s'automatisent dans tout l'univers de la même manière qu'elles régissent la pensée.

Le jour où l'homme comprendra qu'il a le pouvoir de changer sa vie par les mots (créés par la pensée), il aura atteint la maturité. Il s'efforcera alors d'investir toutes les chances de la réussite individuelle pour accomplir sa vie selon le plan divin, c'est-à-dire : vivre heureux. Le soleil du bonheur s'installera en permanence dans son cœur.

Je vous imagine en lisant ces lignes : vous pensez que c'est peut-être une solution, mais que vous, à cause de..., c'est IMPENSABLE. Votre degré de scolarité, votre éducation, votre milieu de travail, vous ne pouvez pas croire qu'en améliorant seulement votre qualité de langage, vous pouvez modifier votre qualité de vie. Vous acceptez cette hypothèse comme assez singulière et logique. De là à croire que VOUS, vous en avez aussi le droit, c'est autre chose. Ou bien vous reconnaissez le droit, mais l'effort vous effraie.

Ce que vous venez de lire est une offre de Madame La Chance, mais que vous vous obstinez à reconnaître et à prendre en disant merci. Aveuglé par un sentiment d'incertitude, vous la laissez passer. Vous ne l'aviez pas reconnue, me direz-vous. Maintenant, ce n'est plus une excuse.

Croyez-vous que lorsque «la chance» se présente à vous, elle prend le temps de s'identifier *Bonjour, je suis madame La Chance, je vous apporte un merveilleux cadeau qui transformera votre vie...* Jamais cela ne se présentera de cette façon.

La chance s'identifie toujours aux coups d'éclat : un gain important, un résultat inattendu ou une occasion exceptionnelle telle qu'avoir été sélectionné pour un travail parmi plusieurs candidats. La chance se présente occasionnellement de cette façon dans la vie. Le plus souvent, elle se glisse discrètement ici et là dans notre quotidien. On la laisse passer, hypnotisé par la cohue trépidante de nos pensées incontrôlables. Elle passe et repasse sans que nous puissions la reconnaître et nous l'approprier.

Pour une fois, soyez vigilant et saisissez-la. Ne la laissez pas filer entre vos doigts une fois de plus. Cette chance unique se représentera-t-elle? Peut-être. Quand? La reconnaîtrez-vous? Serez-vous prêt à la saisir? Jusqu'à ce jour, elle est venue frapper à votre vie, et chaque fois elle est repartie avec son merveilleux cadeau, car vous n'avez pas pu la distinguer parmi vos pensées négatives. Aujourd'hui, saisissez-la et commencez dès maintenant à exercer votre pouvoir de pensée sur votre langage. C'est une occasion unique, prenez-la!

J'ai souvent entendu dire : *Tu crois vraiment à cela ou tu crois sérieusement ce que tu dis?* Évidemment, je porte une attention particulière à ce que je pense et à ce que je dis. Toute l'évolution de mon être intérieur est le résultat des bienfaits de cette démarche que j'ai suivie dans ma vie, et qui mène au bonheur. *Vous ne voulez-pas être heureux?* est ma réponse. Des milliers de personnes ont une vie extraordinaire que tous envient. Je ne peux vous obliger à adhérer à une philosophie de vie. Cependant, j'ai de la peine à vous voir vivre une vie monotone alors qu'elle pourrait être épatante.

Je ne suis pas moraliste. Je n'insiste pas pour vendre à coups d'arguments percutants la philosophie de *Gestion de la Pensée*. Mon équipe et moi n'avons rien à vendre. Nous proposons, tout comme madame La Chance, une méthode avec entraînement qui vous guide sur l'accomplissement individuel de la totalité de vos possibilités pour atteindre l'euphorie de vivre.

Nous sommes comme des messagers qui véhiculent une technologie évoluée en croissance personnelle. Vous seul pouvez décider d'adopter une culture adaptée et simplifiée pour devenir heureux. Personne ne décidera à votre place. N'êtes-vous pas entièrement responsable de votre vie?

Une fois pour toutes, finissez-en avec l'excuse de la fatalité et acceptez de faire un premier pas pour changer votre vie, et comme des milliers d'autres depuis des années, négociez aussi avec l'énergie.

Les mots utilisés depuis le début de notre éducation ont une véritable portée sur le présent et sur le futur. L'ilotisme, la méconnaissance ont parrainé les erreurs et les échecs de votre vie. Maintenant, de plus en plus, vous réalisez que beaucoup de situations auraient pu être évitées, d'autres améliorées. Il est trop tard pour regretter votre ignorance ou culpabiliser. Il est temps de passer à l'attaque et de commencer à négocier avec l'énergie de l'Univers pour l'accomplissement de l'être extraordinaire que vous êtes.

Gérer son vocabulaire, comme gérer ses pensées, demande attention et écoute. La parole est sonore. En connaissant les règles qui personnalisent l'énergie, l'entraînement du sens de l'ouïe sera facilité .

TROIS RÈGLES D'OR

Vous devez fixer dans votre esprit trois règles d'or. Ces trois règles sont primordiales pour le raisonnement de vos pensées et la transmission de votre verbe.

L'énergie de l'Univers est régie par les mêmes règles que les autres énergies : l'eau, le vent, l'air, le feu et la terre.

- ELLE NE PENSE PAS
- ELLE NE RÉFLÉCHIT PAS
- ELLE N'ANALYSE PAS

Répétez ces trois règles très souvent dans votre tête ou à haute voix pour qu'elles deviennent un conditionnement mental automatique. Elle ne pense pas, ne réfléchit pas et n'analyse pas. Dès lors, vous éviterez les erreurs en appliquant cette base.

Au début de votre entraînement dans l'utilisation de l'énergie de l'Univers, je vous suggère de comparer l'énergie à une énergie palpable. En fait, c'est l'unique différence mais elle est bien importante. L'eau, le vent, l'air, le feu et la terre sont des matières tangibles.

L'eau :	Pure ou polluée, bonne ou mauvaise, chaude ou froide.
Le vent :	Doux, câlin ou froid. Violent et glacial.
L'air :	Pur, cristallin, salin, suffocant, toxique et autre.
Le feu :	Réchauffe pour le confort ou devient un incendiaire dément.
La terre :	Organique, cultivable, sèche, sablonneuse, aride, humide...

Chaque élément est une matière tangible. Avec la peau, vous ressentez une sensation physique : l'énergie perceptible, visible mais très réelle. Aussi authentique que toutes les autres. L'Univers, c'est une énergie.

Imaginons qu'en fin de soirée, vous décidiez de vous préparer une tisane de camomille. L'eau bout; sans regarder dans votre armoire, vous prenez un sachet, sans regarder l'emballage, vous l'ébouillantez. Vous buvez une première gorgée et vous réalisez l'erreur. Au lieu de camomille, vous avez pris une autre saveur, par inattention. Votre tasse d'eau bouillante aurait-elle pu vous dire : «Tu te trompes, c'est une tisane de tilleul». Non. Pourquoi?

L'eau ne pense pas, ne réfléchit pas, n'analyse pas. L'Univers, cette énergie impénétrable, réagit exactement comme l'eau. Elle ne pense pas, ne réfléchit pas, n'analyse pas.

Réalisez-vous que l'Univers entraîne des conséquences énergétiques sur la vie : un flot d'erreurs commises, en pensée ou en parole, c'est indéchiffrable. Vous en avez commises des milliers depuis toujours. Commencez dès maintenant à utiliser l'énergie de l'Univers avec les deux autres lois proposées plus loin. Elles seront utiles dans votre démarche parce que ces trois RÈGLES D'OR et ces deux lois sont les piliers de la croissance personnelle.

Vous : Moi, je prie et je demande à Dieu de...

D.S. : Nous avons été créés pour chanter la louange de Dieu exactement comme les anges, pas pour lui demander ceci et cela. D'ailleurs, c'est Lui qui a créé cette énergie de l'Univers pour nous. Apprenez à vous en servir selon les consignes proposées. Le Père céleste sera très heureux maintenant que vous utilisez sa magnifique énergie qu'Il a créée pour nous.

Vous : Souvent, je dis «à la grâce de Dieu» ou «que le meilleur m'arrive».

D.S. : Pourquoi refuseriez-vous l'énergie qu'Il a créée, lui remettant la tâche d'en disposer à son gré pour l'un et l'autre d'entre vous, selon Sa volonté?

Vous : C'est ce que j'ai appris.

D.S. : Vous avez raison, aujourd'hui, je vous apprends autre chose. Voyez-y la logique de l'explication. Dieu est juste et parfait. Comment expliquer toute la misère et la pauvreté? Vous trouvez cela juste? Est-ce qu'une Sommité d'élévation spirituelle a dit que nous étions sur la terre pour souffrir et pleurer?

Vous : L'éducation religieuse... la religion...

D.S. : Qui a créé les religions?

Vous : L'homme.

D.S. : L'homme s'est servi des messages divins pour les adapter à l'évolution de l'humanité. Ce qui a été conçu et réglementé par l'homme faisait partie du plan divin pour permettre à l'homme d'évoluer en équilibre jusqu'à ce jour. Si l'homme avait l'énergie divine en lui et qu'il en avait prolongé la science en l'an 71 ou 813, en l'an 1022, 1427 ou 1940, ou même plus récemment, l'humanité n'aurait pas compris.

Vous : Jésus, qui est venu sur terre, faisait des miracles, il nous a enseigné la foi en Dieu.

D.S. : Évidemment transmise par ses apôtres et d'une personne à l'autre jusqu'à nous. Lorsque Jésus faisait un miracle, il concluait en disant : «Ta foi t'a sauvé». La foi était la façon dont le miraculé pensait, il croyait en la puissance divine du Christ et le miracle se produisait. Le Seigneur, tout comme nous, utilisait la pensée. Il a voulu donner du pain et des poissons à des milliers de personnes sur la montagne, cela fut fait... Il a dit aussi : «Avec ta foi, tu peux déplacer des montagnes». Réalisez que la divinité en nous est reliée en totalité à notre mécanisme de pensée créé par Dieu. Servez-vous-en honorablement avec amour, chantez la louange de Dieu et de toute la hiérarchie céleste en priant et en faisant des ÉQUIVALENCES.

Prier Dieu, c'est aider l'homme. Parce que les énergies bénéfiques reviennent au service de l'homme.

Revenons à l'énergie de l'Univers, qui ne pense pas, ne réfléchit pas et n'analyse pas. Vous comprenez que sa source est inépuisable. Comme les autres énergies, elle a été créée par Dieu.

Souvent, les gens me disent : «Ça va trop vite, ça marche, j'ai un peu peur, j'ai aussi peur qu'elle arrête tout simplement.» Je les comprend parce que cette énergie extraordinaire est tout simplement impressionnante.

Pourquoi se restreindre à utiliser un fluide fantastique? Il nous appartient. Vous refusez-vous de respirer, de consommer de l'eau et d'utiliser les autres énergies? Non, c'est naturel de s'en servir mécaniquement, consciemment ou inconsciemment. La vitalité humaine est régie par ses énergies. Sinon, il n'y aurait pas de vie. Alors, pourquoi se refuser l'énergie divine de l'Univers?

Avant vous l'ignoriez, maintenant vous le savez.

LA VALEUR DES MOTS

Chaque mot utilisé contient sa propre ressource énergétique, qui influence et forge la vie. Voici quelques exemples que vous utilisez avec des conséquences néfastes dans votre vie :

- Ce n'est pas pire que...
- Cela pourrait être pire
- Pas de problème
- Pas si mal ou pas mal
- Pas possible
- Cela n'a pas de sens
- C'est effrayant
- C'est épouvantable
- C'est l'enfer
- etc. (il y en a des centaines d'autres)

Vous remarquez que tous ces exemples font partie de votre vocabulaire et cette liste s'allonge. Faites votre propre liste par plaisir personnel et surtout, c'est un bel exercice pour améliorer sa pensée, son langage et son sort. Évitons les mots aux connotations négatives. Ils tracent leur caractère et laissent leurs marques.

Un jour, je parlais à quelqu'un au téléphone et il avouait une perte de mémoire : *Je pense que je commence à faire de l'Alzheimer.* Je lui fis la remarque que c'était dramatique ce qu'il avait dit parce qu'il demande inconsciemment à l'Univers de vivre cette maladie. Vous connaissez sûrement quelqu'un qui disait souvent: *Je ne veux pas vivre avec le cancer!* De quoi est-il mort? Du cancer.

Arrêtez la lecture quelques instants et analysez votre propre façon de penser et de parler. Ce qui est important, à partir de maintenant, c'est d'être ATTENTIF à vos paroles. Ne vous créez pas une pression mentale afin d'atteindre la perfection momentanément. Soyez à votre écoute, graduellement, l'expérience de l'entraînement produira ses effets et vous aurez le verbe et les mots justes.

Lorsqu'on me demande comment je vais, je réponds «merveilleusement bien». Vous savez pourquoi? Parce que c'est vrai, et en plus j'énergise mon demain, pour qu'il soit tout aussi merveilleux. Nous possédons une langue riche en vocabulaire. On préfère les diminutifs ou le négatif au lieu de projeter une pensée magistrale. Vous vous attirez inconsciemment du bien ordinaire ou encore de la malédiction.

Comme le langage est le reflet de la pensée et que la pensée est une énergie, elle est régie par les trois règles d'or. Pour une parfaite communication avec les mots, il est fréquent d'utiliser la sixième et la septième loi du monde de l'Univers.

Sixième loi :

CONJUGAISON AU PRÉSENT

Le verbe de vos phrases signifie le temps du sujet ou de l'événement. En conjuguant vos phrases dans un autre temps que le présent, vous retardez la réalisation de votre objectif parce que le temps n'existe pas dans l'Univers. En énergisant le verbe au présent, vous accélérez l'atteinte de l'objectif. En réfléchissant bien sur la façon dont vous parlez, vous remarquerez que parler au présent, même pour une projection future, a un sens. Vous cherchez du travail. Que dites-vous quand vous partagez votre demande avec quelqu'un? : «J'espère que j'aurai du travail bientôt...» ou «Je devrais commencer à travailler prochainement, j'attends des nouvelles...». Il est préférable de dire : «**J'obtiens l'emploi idéal..., ma candidature est sélectionnée, je suis choisi pour le poste**.»

Avez-vous remarqué le poids des mots?

J'obtiens	Le verbe est au présent, ainsi il énergise l'intention : avoir maintenant. Je n'ai pas employé les mots «j'espère» ou «je souhaite» qui signifient simplement un désir. Vous aurez certainement un travail, mais quand? Avec le verbe **obtenir**, c'est maintenant.
L'emploi	Le sujet de la phrase, le mot «emploi», signifie le travail. Vous pouvez préciser : «**On m'engage à des conditions extraordinaires comme ingénieur. C'est une firme très importante.**»

Dans cette phrase, j'ai précisé que la firme est importante, donc ce n'est pas n'importe laquelle. S'assurer d'un choix judicieux dans son vocabulaire, c'est cela qui fait la différence. La parole est le reflet de la pensée et la pensée crée.

Idéal : Remarquez que c'est un qualificatif très important. L'emploi est idéal. Ce ne sera donc pas un travail temporaire.

Tout est une question d'entraînement. Plus votre vocabulaire est sélectif, plus les résultats seront le miroir de vos pensées et de votre langage.

Septième loi :

PAS DE NÉGATION

Le chapitre suivant porte sur cette loi du monde de l'Univers très particulier dans son énergie.

Vous souvenez-vous des trois règles d'or? Répondez!... Cette énergie ne prend que les mots-clé. Ce qui veut dire que les «**ne pas**», les «**ne plus**», les «**moins**», les «**jamais**», sont des négations que l'Univers n'enregistre pas.

Vous dites : «Je ne veux pas être malade», l'Univers enregistre : «veux être malade». Croyez-moi, l'Univers ne refuse rien, il vous servira tout ce que vous demandez, même la maladie. Beaucoup de gens sont morts du cancer parce qu'ils l'avaient programmé par la phrase : «Je ne veux pas mourir d'un cancer». L'Univers applique parfaitement vos demandes. C'est à vous de prendre garde afin de minimiser les retombées de votre verbe.

L'Univers réagit comme un enfant. Je m'explique. En disant à votre petit garçon : «Papa ne veut pas que tu touches aux boutons de la télévision», il comprend «Papa veut touche boutons télévision», et il arrache les boutons. Pour l'enfant, c'est normal, vous lui avez donné la permission à son niveau de compréhension. En disant à votre petite fille: «Maman ne veut pas que tu joues dans les armoires», elle a enregistré «Maman veut jouer armoires». Maman réagit, punit, et l'enfant ne comprend pas la réaction : la mère lui accorde une permission et finalement punit. Ce n'est ni la faute du parent car par ignorance, il ne parle pas le bon langage, et ce n'est pas la faute de l'enfant, car il ne comprend pas encore le langage adulte.

Pour l'éducation d'un enfant, les négations devraient être évitées parce qu'elles sont des diminutifs et dès le bas âge, l'enfant commence à s'entraîner à vivre négativement. Avec vos jeunes enfants et vos adolescents, parlez d'une façon objective; cette éducation sera un superbe héritage pour leur futur.

Utilisez le verbe au présent, avec le moins de négations possible. Dans peu de temps, vous réaliserez toute la différence des résultats dans votre vie.

Si je dis : «... je ne suis pas bon», l'Univers n'enregistre pas le mot BON comme étant objectif parce qu'il a subi les vibrations négatives du NE PAS. Vous vous souvenez, le négatif est une vibration qui s'imprime facilement dans le sens des mots : «Je ne suis pas chanceux!». Chanceux contient des vibrations négatives à cause du NE PAS, alors la chance viendra plus tard.

Vous pensez déjà à l'impossibilité d'un tel apprentissage. C'est pourtant très simple, il suffit d'être attentif à vos paroles. À partir de maintenant, vous écouterez le langage des autres avec une autre paire d'oreilles. Leur façon de parler vous dérangera et vous aidera à vous corriger. Soyez confiant!

L'univers

Le cœur humain et ses pensées,
si puissants qu'ils soient, nous
ont été donnés sans mode d'emploi

Après mon bonheur de vous offrir le merveilleux cadeau «Les ÉQUIVALENCES», je vous en offre maintenant un deuxième.

C'est avec grande joie et félicité que je vous donne la technique d'utilisation de l'ÉNERGIE de l'UNIVERS. À vous de bénéficier de cette grande force mystérieuse et pourtant vivante.

Beaucoup de gens ont l'attitude de «PROUVEZ-LE MOI». Comme s'ils partaient en guerre à la seule idée d'expérimenter une nouvelle science. Pour eux, atteindre le succès et le bonheur par quelque méthode que ce soit demeure complexe même au travers de la philosophie, la recherche médicale ou la psychanalyse. En réalité, les gens craignent de s'ouvrir à la nouveauté. Ils se méfient du changement.

Ils n'ont pas foi dans l'immense puissance en réserve dans leur subconscient. Ils ne savent pas utiliser les moyens qui la mettraient en œuvre.

À quoi vos années d'études vous ont-elles préparé? Avez-vous appris comment réagir à la mort d'un être cher, à un revirement de fortune, à une déception amoureuse, au problème de trouver un conjoint, à vivre seul, à vivre avec les autres? Que vous ont vraiment enseigné vos études à propos de l'intelligence universelle de la Puissance divine, du pouvoir inépuisable grâce auquel vous pourrez dorénavant orienter votre vie.

Aussi longtemps que nous vivons, nous avons le privilège de modifier nos valeurs, de changer notre perception sur différents sujets et de nous épanouir constamment.

L'homme de l'avenir ne vivra plus aucune crainte parce qu'il sera conscient de son union avec le pouvoir omniprésent.

L'ORDONNANCE

Vous rappelez-vous les trois RÈGLES D'OR? Elles s'appliquent dans nos demandes à l'Univers car cette même énergie agit sur le verbe en vibration, qui agit en ACTION par la pensée. Ces règles d'or doivent s'incruster solidement dans votre esprit.

Avant d'aborder les dix lois, je vous donne six ordonnances, six points très importants que vous devez mémoriser pour éviter les erreurs lors de vos demandes. Employez ces six recommandations comme un antidote à vos revendications. Sinon, l'Univers retardera votre démarche ou refusera toute collaboration : DEMANDE REJETÉE.
Ces six points sont les suivants :
Dans l'Univers,

- il n'y a pas de POIDS
- il n'y a pas de MESURE
- il n'y a pas de QUANTITÉ
- il n'y a pas de DISTANCE
- il n'y a pas de TEMPS
- il n'y a pas d'ARGENT

En résumé, les chiffres de 1 à 0 n'existent pas. Si on éliminait le chiffrage, on éliminerait tout, même le temps.

Si vous voulez mentionner un délai pour une démarche, utilisez les mots «IMMÉDIATEMENT» ou «DANS LE PLUS BREF DÉLAI POSSIBLE». Pour signifier une somme d'argent, employez les mots «LA SOMME IDÉALE» ou «UN MONTANT MINIME» ou «UN PRIX RIDICULE» selon votre démarche.

Première loi :

SIMPLICITÉ

Beaucoup de techniques existent dont la plus courante est à la base de toute démarche : LA MÉDITATION. J'encourage la méditation, mais ce n'est pas une obligation pour avoir recours à l'Univers.

Les gens très actifs ont peu de temps à leur disposition pour méditer ou employer d'autres techniques de détente. Ceux qui sont nerveux ressentent des difficultés à une concentration intense dans le calme.

Cela voudrait-il dire qu'en l'absence de méditation, il n'y a aucun contact avec l'Univers? Non! C'est un élément formidable, on utilise l'ÉNERGIE au gré de ses besoins des dizaines de fois par jour, sans aucune limite. Plus vous l'utilisez, plus vous aurez envie de l'utiliser et ça deviendra un aphrodisiaque. Dans les petites ou les grandes demandes, l'Univers joue son rôle énergétiquement et vous récoltez les plaisirs de sa grande collaboration dans votre quotidien. N'attendez pas l'événement du siècle pour courtiser l'Univers. D'ailleurs, quand ce jour arrivera, vous ne vous en rappellerez plus ou, par manque d'expérience, vous ferez peut-être une erreur. Commencez à formuler des petites demandes, telles qu'une place de stationnement, le calme de vos enfants turbulents, le sourire d'un collègue de travail, une circulation aisée, etc.

Personnellement, je vous avoue que cette énergie m'a permis de vivre mille et une situations agréables, qui auraient pu être vécues autrement. Aujourd'hui, les gens qui pratiquent la «gestion de la pensée» sont du même avis.

C'est une pure merveille et ils l'utilisent pour faire de leur journée un accomplissement parfait, selon leurs attentes.

La collaboration de l'Univers transforme les points négatifs de la deuxième partie du livre *(Je gère... Gérez...)* en réussite. L'Univers, complice de vos pensées, vous apporte l'appui dans toutes vos attentes. Une recommandation importante : essayez de vivre en silence. En fait, c'est ça MÉDITER. Quand vous êtes au volant de votre voiture, quand vous lisez, quand vous faites du ménage, quand vous faites une promenade seul, évitez le baladeur. Dans le silence, vous entendez la voix de votre cœur. Dans le silence, vous gérez vos pensées. Dans le silence, vous priez. Dans le silence, vous atteignez une grande paix et sérénité.

Vivre dans la paix intérieure représente une difficulté, si à l'extérieur c'est le tohu-bohu. Les résonances extérieures gênent et empêchent le calme : le bruit des voitures, les sirènes, les klaxons, les cris, etc. Même si les portes et les fenêtres sont fermées, les bruits extérieurs participent à l'excitation de votre cerveau. Radio et télévision augmentent l'adrénaline et créent le stress, les angoisses...

Accordez-vous tous les jours un moment de silence à vous, tout en vaquant à vos activités. Je n'ai pas dit avant de dormir, j'ai dit en continuant vos activités. Avant de dormir, vous priez, vous faites des ÉQUIVALENCES, vous discutez avec vos guides et vous formulez vos demandes dans l'Univers pour le lendemain et pour vos projets à venir.

Permettez-vous de découvrir toute la béatitude que vous tirerez à vous accorder quelques moments de silence.

C'est cela méditer.

Deuxième loi :

IDENTIFICATION

Je vous suggère trois appellations pour identifier cette énergie afin d'éviter tout mélange avec une identification religieuse.

Lorsque vous ouvrez le robinet de l'évier de la cuisine, pratiquez-vous un rituel afin que monsieur le Robinet vous offre son liquide fluide et limpide pour votre utilité? Mécaniquement, vous ouvrez et refermez. Vous le faites combien de fois par jour? Souvent, beaucoup même; l'énergie dont je vous parle se développe comme un mécanisme d'automatisation, comme le robinet. Aux moindres besoins, à la moindre idée, utilisez l'Univers pour tout et en tout temps.

La «gestion de la pensée» est une technique, **un mode de vie**, et je veux éviter qu'un jour on associe ce mode à une quelconque religion ou secte. Toute appellation religieuse est donc inadéquate.

Continuez à prier le dieu de vos croyances, à votre façon, et utilisez aussi l'énergie divine. J'exclus les explications inutiles et complexes. Mon unique but est de vous faire performer.Choisissez parmi les trois appellations celle que vous préférez et utilisez toujours la même.

- UNIVERS INFINI
- INTELLIGENCE INFINIE
- ESPRIT INFINI

Troisième loi :

PRÉCISION

Rappelez-vous toujours les **règles d'or** et les **ordonnances**. D'expériences en expériences, vous remarquerez que l'Univers exécute parfaitement vos demandes. Si vous commettez une erreur dans votre formulation, l'Univers ne le sait pas. Il exécute fidèlement ce que vous lui demandez, et vous vivez la situation telle quelle.

C'est par les erreurs que l'on apprend. Cela permet de réaliser que c'est vraiment une force magnifique à utiliser assidûment.

L'Univers exige de la précision et vous devez être soucieux de la façon dont vous formulez vos demandes.

Un couple se rend à la banque pour rencontrer le directeur. Il demande une avance de fonds, afin de boucler le budget. C'est une petite somme, et ce n'est que pour quelques jours. Les salaires seront versés automatiquement sur le compte, comme d'habitude. Donc, la banque couvre son avance.

La dame avait demandé ceci à l'Univers : «Univers Infini, je reçois le minimum vital du directeur». Elle n'a rien eu. Elle aurait dû dire : «Univers Infini, le directeur m'avance le maximum de liquidités. Je reçois cette somme immédiatement». L'erreur de la dame est d'avoir demandé «le minimum vital». Pour moi, c'est du pain et du lait. Et si elle en avait dans le frigo...! Elle n'en avait pas besoin ou bien elle ne se trouvait pas au bon endroit. Elle aurait dû aller voir l'épicier, il lui aurait avancé cette somme.

Un homme demande à l'Univers : «Univers Infini, j'ai une surprise». Il a eu une contravention. Sa demande était incomplète, il aurait dû dire : «Univers Infini, j'ai une surprise agréable aujourd'hui». Le mot «agréable» fait toute la différence.

Pourquoi pouvez-vous dire AUJOURD'HUI si le temps n'existe pas? Aujourd'hui signifie dans le cas précis de cette demande, dans le plus bref délai possible. Vous ne pouvez pas exiger une action immédiate de l'Univers dans toutes vos démarches. Selon votre logique, demandez-vous si c'était possible? L'Univers peut agir rapidement, c'est à vous de le préciser.

«Une surprise agréable» c'est large comme possibilité de réponse. Vous recevrez cette surprise : soit une rencontre imprévue, un mot gentil, un compliment, un cadeau, vous la reconnaîtrez bien le moment venu. Quelquefois, c'est seulement plusieurs heures plus tard qu'on réalise notre surprise agréable.

Une jeune dame demande à l'Univers : «Univers Infini, j'obtiens un travail pour boucler mon budget». On lui a proposé de garder un enfant en échange du logement et de la nourriture. Cette jeune femme n'avait aucun engagement financier tel qu'emprunt ou carte de crédit, donc son budget se limitait à peu de choses. Aussi, l'Univers lui a donné précisément ce qu'elle voulait; rien de plus : le gîte et la nourriture. Cependant, elle aurait pu dire : «Univers Infini, j'obtiens un emploi idéal. Je me réalise pleinement».

Rappelez-vous ceci : l'Univers exécute vos ordres de façon claire, nette et précise. Donc, soyez bref. Évitez les détails. Demandez la conclusion de votre objectif.

Quatrième loi :

DOUCEUR

La douceur est une vibration intérieure. Si vous êtes doux avec vous-même, les gens seront doux avec vous. La douceur réside dans la pensée, dans le geste et aussi dans le TON avec lequel on s'exprime.

Vous connaissez sûrement une personne de petite taille, mais lorsqu'elle parle, c'est avec un TON agressif et sec. Elle croit s'affirmer.

L'Univers est une énergie PURE; la douceur la fera réagir beaucoup plus vite, car dans la douceur, il y a la confiance. De plus, vous restez calme devant toutes les situations de la vie parce que vous savez que vous avez une énergie complice de vos ambitions.

Vivre en douceur, c'est vivre en paix

Cinquième loi :

AMOUR

En débutant notre relation avec cet Univers, on peut parler d'une vibration amoureuse. Cette vibration s'installera rapidement entre vous parce que vite vous réaliserez sa fidélité. Cette vibration amoureuse deviendra de plus en plus forte en vous car la douceur fera le lien entre les vibrations de l'Univers et vos vibrations amoureuses.

Quand vous dites à quelqu'un «je t'aime», que ressentez-vous dans votre intérieur et comment le dites-vous? Vous le murmurez, vous le chuchotez doucement et une grande joie se vit dans votre cœur.

Avec le temps, ces vibrations AMOUR et DOUCEUR seront reliées à l'Univers, mais s'imprégneront aussi dans tous les sentiments de votre quotidien, en vous, pour vous et pour tous les autres.

Vous aurez vite compris qu'en vivant amoureusement, vous pourrez ACCEPTER les situations de la vie et vous pourrez PARDONNER aux gens ou aux causes qui vous ont agressé dans votre amour propre.

L'amour c'est accepter, c'est pardonner!

Sixième loi :

CONJUGAISON AU PRÉSENT
(voir page 167)

Septième loi :

PAS DE NÉGATION
(voir page 169)

Huitième loi :

SANS FORCER LA NOTE

Vous croyez que cette loi est bizarre. Avec l'expérience, je me suis rendu compte que certaines personnes agressaient l'Univers. Leurs désirs d'obtenir la collaboration de l'Univers dans leurs démarches étaient obsédants.

Ils perdaient le contrôle d'eux-mêmes. La douceur avait disparu et l'amour était en attente. De plus, ils s'affolaient et mettaient la neuvième loi en pratique. En respectant cette neuvième loi, vous honorez la plus importante.

Vous pouvez l'utiliser des centaines de fois par jour pour différents objectifs. Cependant, la même DEMANDE peut être réitérée un maximum de **TROIS** fois par jour et ce, tant que votre objectif n'est pas réalisé. L'Univers ne souffre pas de surdité, vous n'avez pas à insister. Dans le cas où vous répéteriez trop souvent la même demande journalière, l'Univers abdiquerait.

Neuvième loi :

FOI ET CONFIANCE

Je vous ai parlé du doute précédemment. Cette pensée annule la foi et la confiance ainsi que votre demande. Relisez le chapitre traitant du doute (page 128).

Je sais que c'est le plus difficile à vivre. Le DOUTE est néfaste à tout exercice entre vous et l'Univers. Dans le prochain chapitre, vous apprendrez comment vous défendre quand le DOUTE s'installe en vous.

Pour faire disparaître tous les doutes possibles, vous devez expérimenter ce pouvoir très souvent : l'utilisation de l'Univers. Toutes les situations, même les plus banales, feront en sorte qu'avec la multitude de réussites, le DOUTE s'estompera à tout jamais.

Dixième loi :

APOSTILLES

Évitez de créer entre vous et l'Univers une BARRIÈRE. Quand vous obtiendrez vos résultats acceptez que c'est l'Univers qui, par énergie, a géré la situation de votre expérience.

En disant «c'est le hasard, un coup de chance, ça serait arrivé de toute façon», vous coupez tout LIEN entre vous et l'énergie divine. NE PRENEZ PAS DE RISQUE.

Comment mettre à exécution cette brochette de lois ? Beaucoup de gens rétorquent : «La gestion de la pensée, c'est un jeu». J'emploie l'expression TÉLÉPHONER à l'Univers. Bien sûr, il n'existe pas un numéro spécial.

Cependant, en prenant l'exemple du téléphone, vous comprendrez le raisonnement qui suit. En pensant faire un appel à quelqu'un ou à une entreprise, vous avez en tête une intention, un but précis. Vous commencez votre conversation avec les boniments d'usage. Avec l'Univers, c'est la même chose.

La spiritualité est propre à votre âme, au principe divin. C'est une doctrine selon laquelle l'esprit est une réalité indépendante et supérieure, contraire au matérialisme, contraire à la religiosité qui, elle, est une inclination sentimentale vers une religion ou une secte.

Ainsi, vous poursuivez votre demande avec précision, au présent, sans négation. C'est avec émerveillement que vous vivrez de plus en plus de résultats et réaliserez vos désirs les plus chers.

Voici quelques exemples pour vous permettre d'en découvrir son efficacité : les stationnements, les meilleures places au restaurant, éliminer ou activer une période d'attente lors d'un rendez-vous, réchauffer vos mains ou vos pieds. Vous pouvez même réchauffer votre lit en hiver, la température des draps épousera celle de votre corps dans un délai extrêmement rapide, calmer une personne stressée ou un enfant surexcité, faire arrêter votre conjoint de ronfler, un chien de japper, etc.

Soyez toujours LOGIQUE et la multitude d'expériences réussies vous comblera. Un bonheur jusqu'alors inexploré et dont la découverte fera de vous une personne confiante et comblée.

Vivre dans l'euphorie, c'est merveilleux. Tentez votre chance, vous n'avez rien à perdre.

Mon pire ennemi :
LE GRAND-TRICHEUR

Qui est le Grand-Tricheur? C'est l'état d'esprit malsain, pestilentiel, morbide, nuisible, pourri, maladif et impur qui empoisonne notre vie et nous empêche de nous épanouir sur le chemin du bonheur.

C'est lui qui vous nourrit constamment de pensées négatives. Il ne se lasse jamais, il est présent continuellement dans vos pensées, dans vos conversations, dans vos remarques, dans votre attitude. Il ne lâchera jamais prise. Pour lui, tous les moyens sont bons pour participer à votre vie.

Quand vous le maîtrisez dans ces différents domaines, il sollicite une autre façon de vous nuire en vous créant :

- l'angoisse
- le stress
- l'anxiété
- l'inquiétude
- la crainte

- la panique
- l'insécurité
- la peur
- le ruminage
- le ressentiment
- le radotage
- la jalousie
- l'envie
- la honte
- la haine
- la culpabilité
- l'infériorité
- le doute
- le préjugé
- la médisance
- la calomnie
- la colère
- l'impatience
- l'égoïsme
- les mauvaises habitudes
- le voleur de temps

La meilleure façon de combattre le Grand-Tricheur est de l'imaginer comme votre doublure, votre sosie. On s'adresse au Grand-Tricheur comme si c'était une personne présente à nos côtés.

Cela devient plus facile de mener un combat quand on sait qui est notre adversaire; vous apprendrez vite à neutraliser ses faiblesses. Comme à la guerre, on s'organise pour détruire le plus d'effectifs possibles afin de contrecarrer l'ennemi. Dans vos démêlés avec le Grand-Tricheur, vous apprendrez vite à l'éliminer dans toutes les actions qu'il complotera contre vous : en pensée, en attitude.

Des dizaines de fois par jour vous aurez à prendre les armes, et à chaque victoire, votre vie prendra une autre orientation. Votre personnalité s'embellira, votre caractère s'assouplira et vous ne vivrez plus dans la déprime d'une dépendance malicieuse qui assombrit le firmament du bonheur.

Rien n'est plus contagieux que la dépression mentale et les «idées noires» causées par le Grand-Tricheur.

Quand une personne gaie, optimiste, radieuse pénètre dans un endroit où règnent le découragement, la tristesse, la mélancolie, elle révolutionne l'ambiance par la contagion de sa bonne humeur irrésistible, de sa gaieté et de sa joyeuse nature.

Les personnes sujettes aux accès de «noir» semblent possédées par l'esprit du mal. Il leur est impossible, dans ces moments-là, d'être elles-mêmes simplement polies; elles ne savent plus rien dire d'aimable et de courtois, surtout à leurs proches. Elles semblent penser que broyer du noir les dispensent de se dominer; elles laissent libre cours à leurs mauvais sentiments et rendent ainsi leur entourage malheureux.

Bien des gens nuisent à leur carrière parce qu'ils sont victimes de leur humeur qui repousse les autres et les empêche d'avoir du succès.

Les autres nous aiment et croient en nous en proportion de notre amabilité. Un esprit morbide dénote habituellement un jugement faussé et tordu.

De telles personnes arrivent à maîtriser leur humeur; la preuve en est du changement instantané qui s'opère dans leur attitude lorsque survient une visite inattendue.

L'homme n'a pas été créé pour être l'esclave de ses passions, la victime de son humeur. Il a été créé pour commander, pour dominer, pour être constamment maître de lui-même et de sa vie.

Libérer son esprit du Grand-Tricheur, l'ennemi de notre bien-être, de notre bonheur, est un combat de chaque jour. C'est une grande chose d'apprendre à fixer l'esprit sur la beauté au lieu de la laideur, sur la vérité au lieu de l'erreur, sur la santé au lieu de la maladie; ce n'est pas toujours aisé, mais c'est possible. Cela requiert une certaine habilité au combat, à la guerre du Grand-Tricheur.

Si vous refusez absolument d'entretenir les idées noires qui vous dérobent votre bonheur, si vous refusez de les admettre quand vous aurez compris qu'elles n'ont de la réalité que celle que vous leur donnez, elles cesseront de vous hanter.

Le meilleur moyen de dissiper les ténèbres est de laisser entrer la lumière, qu'il s'agisse du monde matériel ou du monde spirituel. Le meilleur moyen de bannir la discorde est de remplir sa vie d'harmonie, de chasser l'erreur et d'avoir l'esprit plein de vérité; de vaincre la laideur et de cultiver la beauté, et de se libérer de tout ce qui est pénible et malfaisant en contemplant ce qui est agréable et bienfaisant. Des pensées opposées ne peuvent occuper l'esprit au même moment.

Pourquoi donc ne pas prendre l'habitude de n'accueillir que des pensées amies au lieu de pensées ennemies, des pensées d'harmonie, de beauté, au lieu de pensées horribles qui imposent leur image à votre esprit?

Un des atouts pour combattre le Grand-Tricheur est de ne pas vous préoccuper de l'état d'esprit dans lequel vous vous trouvez; affirmez simplement que vous devez être, que vous voulez y être, que vous y êtes, que vous êtes normal et que ni lui, le Grand-Tricheur, ni personne ne changera votre nouvelle façon de penser.

Chaque fois que vous vous sentez soucieux, anxieux ou découragé, arrêtez-vous un instant et dites-vous : espèce de Grand-Tricheur, veux-tu bien me débarrasser de ta présence! Ce n'est pas ainsi que vit un être intelligent et pensant. C'est tout juste la manière de vivre d'un ignorant qui n'a jamais goûté à la joie de vivre.

En y réfléchissant sérieusement, vous comprendrez qu'il est stupide et presque criminel, dans un monde si beau empli de choses destinées à faire vos délices et à vous réjouir, un monde qui vous offre de magnifiques occasions d'avancer, de conserver un visage triste, comme si la vie était une catastrophe et non un bien précieux.

Ne laissez personne vous enlever votre foi en la victoire sur tous les ennemis de votre paix et de votre bonheur.

Croyez fermement que vous aurez en abondance tout ce que vous désirez.

Nous avons tous été gratifiés de la faculté de jouir de la vie, non pas d'une façon limitée, mais pleinement.

Beaucoup de gens sont leur pire ennemi. Ils gâtent leur vie en laissant le Grand-Tricheur la gérer. Tout dépend de votre confiance en vous-même, de votre attitude optimiste.

Cependant, dès que quelque chose va mal, dès que vous avez une journée pénible, dès que vous éprouvez quelque insuccès ou faites une expérience douloureuse, vous vous laissez envahir par des pensées de doute, de crainte, de découragement qui, semblables à un boulet de canon dans un magasin de porcelaine, détruisent en un instant tout le travail constructif que vous aviez accompli pendant des années peut-être. Soyez aux aguets : le Grand-Tricheur est toujours en position de combat; ainsi, soyez assuré que vous n'aurez pas à recommencer le cheminement que vous avez fait.

La prochaine fois que vous vous sentirez découragé, angoissé, anxieux, inquiet, apeuré ou encore lorsque vous vivrez un doute, qu'il vous semblera que vos efforts ne servent à rien, faites volte-face, affrontez votre Grand-Tricheur et barrez-lui la route de vos pensées. Arrêtez-vous et prenez le chemin opposé. Chaque fois que vous vous croyez désarçonné, souvenez-vous que vos pensées modèlent votre vie.

Il est naturel d'être de bonne humeur quand la vie est facile et agréable, mais l'homme qui a vraiment de la valeur est celui qui peut sourire, même lorsque tout va mal.

Un cerveau troublé ne peut penser clairement et logiquement. Les soucis entravent les fonctions du cerveau et paralysent la pensée.

Carlyle dit que certaines personnes sont habiles dans l'art de se rendre malheureuses. Elles semblent distiller un poison mental qu'elles répandent autour d'elles, et qui vous atteint, peu importe les efforts que vous fassiez pour vous protéger de lui. Elles répètent à satiété qu'elles sont ainsi faites, qu'elles ne peuvent se changer ni s'empêcher d'être négatives; elles sont mélancoliques et pessimistes.

Aucun être n'a été créé pour être malheureux, pour assombrir le monde et rendre les autres misérables. Nous sommes tous destinés à être heureux.

Il n'est pas évident d'avoir une vie agréable avec une telle philosophie. Peut-être êtes-vous de cette catégorie de gens, et que jamais vous n'en aviez pris conscience? Eh bien, c'est parfait!

Vous vous attendez, bien sûr, à ce que je vous présente un mode d'emploi pour éliminer le négativisme de votre vie. En premier lieu, dites-vous que quand vous prenez conscience d'une pensée négative, vous la coupez NETTE ou l'ANNULEZ de façon radicale et instantanée, soit en oubliant carrément le sujet de votre pensée, soit en la remplaçant par une autre ou tout simplement par une pensée contraire au sujet de votre aberration.

Quand comprendrez-vous que les pensées déprimantes et destructives nuisent à votre épanouissement philosophique?

Il suffit de quelques minutes pour incendier une maison dont la construction a pris des mois. De même, votre esprit pourra détruire, au moyen de la colère, de la jalousie, du pessimisme, de la mélancolie, le grand travail constructif que vous vous étiez acharné à perfectionner.

C'est le regard fixé sur ce qui est sombre et déprimant, même quand vous travaillez dans la direction opposée, qui détruit le résultat de vos efforts.

Il n'existe aucune philosophie qui puisse aider un homme à réussir quand il doute toujours de son aptitude.

Le canal énergétique

Le canal énergétique est une méthode puissante et efficace d'un de vos extraordinaires pouvoirs. C'est une méthode peu explorée. Cependant, elle ne manque pas d'effets sur les objectifs et son action est IMMÉDIATE.

Le canal énergétique est une pensée porteuse d'un niveau intense de vibrations particulières dont la propagation se fait par un chemin fluidique spécifique.

Imaginez un rayon laser très puissant, aux couleurs éclatantes, passant à travers un tuyau transparent, pénétrant par la glande hypophyse qui se situe au-dessus de votre tête, au centre de votre cerveau. Ce jet fluidique entre ou sort selon votre intérêt. Contrairement aux autres formes de pensée, dont la propagation se fait généralement de façon diffuse, un peu comme la bougie qui éclaire tout autour d'elle, sans orientation déterminée, le canal énergétique focalise ses rayons dans des sens bien définis.

Les composantes de ses vibrations sont constituées d'énergie pure, de guérison physique ou psychologique. Le canal énergétique doit être de nature bénéfique et constructive, ses vibrations seront identiques.

Le canal énergétique est donc une **pensée-énergie** qui prend un chemin spécial pour atteindre les objectifs qu'il porte en lui. Pour bien visualiser le tracé de ce chemin particulier, commençons par aborder le point de départ de notre réseau-pensée : le penseur lui-même.

Plus la pensée est sincère et bienveillante, plus le rayon d'énergie est net et solide. C'est pour cela que pour devenir des maîtres du pouvoir énergétique, il faut avoir beaucoup de confiance, c'est-à-dire PAS DE DOUTE envers l'Esprit Infini.

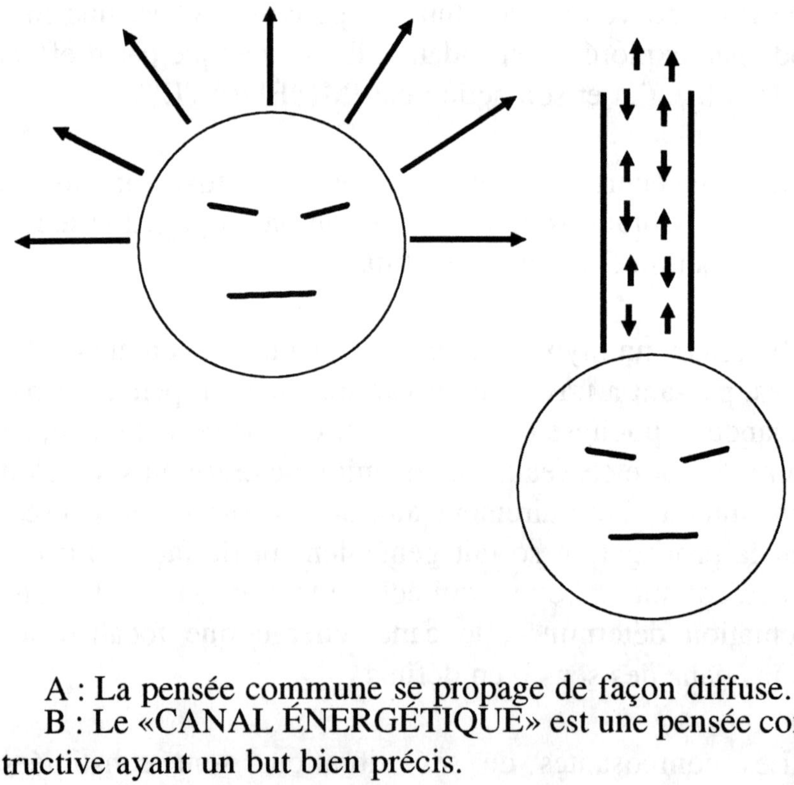

A : La pensée commune se propage de façon diffuse.
B : Le «CANAL ÉNERGÉTIQUE» est une pensée constructive ayant un but bien précis.

Dès l'émission, le rayon d'énergie focalisant la pensée obéira scrupuleusement aux intentions du penseur. Il se dirigera directement vers le destinataire et remplira son rôle immédiatement, instantanément. Une fois dans l'Univers, la pensée focalisée redescend directement à l'émetteur, qu'elle concerne le penseur lui-même ou un intercesseur.

Un élément important est à souligner. Suivant toutes les éventualités que l'on pourrait décrire, le penseur reçoit toujours l'équivalent de ce qui a été accordé grâce aux pensées qu'il a émises.

Nous l'avons vu, la pensée peut générer des phénomènes très réels d'énergie. Toutes les implorations qui passent par le canal énergétique réussissent. Or, comment se fait-il qu'il arrive exceptionnellement que l'on n'obtienne pas les résultats escomptés?

Je vous présente des pensées qui respectent les conditions qui devraient normalement donner des résultats concrets : des énergies d'amour, de paix, de guérison, de calme, de bonheur, d'attitude mentale, de transformation physique en ayant un vibrant désir de respecter la volonté divine.

Les réponses à nos pensées constructives se trouvent dans le principe même du plan de vie qui régit l'existence des individus et des nations.

Le canal énergétique trouve sa puissance dans la justesse de la pensée et dans la profondeur de notre sincérité. Quant aux textes, vous n'avez qu'à vous adresser à l'Univers Infini dans votre propre langage, avec la ferme conviction qu'il reçoit toute l'intimité de votre pensée.

Il n'existe pas de formules plus efficaces que d'autres, ni de tournures magiques. Cependant, c'est avec précision que l'ÉNERGIE va épouser votre demande. Comme un caméléon, elle sera exactement le reflet de votre intention. Seule l'intention du cœur peut toucher la volonté divine, en accord avec les possibilités de votre requête.

FONCTIONNEMENT DU CANAL ÉNERGÉTIQUE

Je vous présente, dans un langage simple et illustré d'exemples, le mécanisme du canal énergétique.

Vous allez comprendre et expérimenter ce précieux pouvoir. En simplifiant la présentation, il vous sera aisé de l'utiliser souvent et de profiter au maximum de ses bienfaits.

Vous allez croire que c'est miraculeux, magique. Il s'agit simplement d'une énergie pure que vous véhiculez et dont vous vous servirez en tout temps et pour toutes les situations.

Alors, comme le temps n'existe pas, votre commande est exaucée immédiatement, sans délai. En ce qui concerne la dose, l'Univers va combler ou équilibrer la quantité d'énergie dont votre physique ou psychique a besoin. Évitez de mentionner une quantité. C'est inutile, car cela n'existe pas dans l'Univers.

L'énergie est avant tout un autoguérisseur, élément naturel que la vie vous offre. Les résultats seront semblables et plus importants encore que ceux de la médecine traditionnelle ou de toutes les formes de médecines alternatives. Vous comprendrez rapidement que ce mécanisme est un pouvoir fantastique.

Dans les pages suivantes, vous découvrirez une multitude d'exemples que vous pourrez expérimenter. En conclusion, vous serez étonné de posséder un tel pouvoir. Aux suggestions s'ajoutent des explications pour que ces dernières vous servent dans d'autres expériences similaires.

L'énergie ou le canal énergétique a toujours un effet remarquable; tentez un premier essai, vous en serez émerveillé. En canalisant de l'énergie STIMULANTE, vous ressentirez l'effet d'une bombe. Vous l'utiliserez au moment où votre corps vivra au ralenti. Vous avez de la difficulté à sortir de votre lit, à démarrer votre journée ou, le plus fréquent, vous sentez une fatigue momentanée et incontrôlable vers le milieu de l'après-midi; au lieu de faire une sieste, vous continuerez votre travail dans une forme incroyable.

La plupart des gens l'expérimentent au travail, car une sieste est impossible et la productivité est au ralenti. Alors, votre vitalité reviendra.

Une RECOMMANDATION : l'utilisation est à proscrire après 15h30, car votre coucher sera affecté. En utilisant l'énergie STIMULANTE en début de soirée, soyez assuré d'une nuit d'insomnie ou d'un coucher tardif.

Vous pensez probablement pouvoir utiliser de l'énergie CALMANTE et le tour sera joué. Il n'en est rien : l'énergie est équilibre. Si vous prenez un cachet pour vous stimuler en début de soirée, suivi d'un somnifère quelques heures plus tard, l'effet chimique du somnifère vous stimulera à cause de la chimie du cachet tonifiant qui opère dans votre organisme.

C'est exactement ce que vous vivrez avec l'énergie CALMANTE si vous la confrontez à l'énergie STIMULANTE, et que cette dernière n'a pas eu le temps de s'éliminer dans votre système.

Bien sûr, l'énergie CALMANTE peut avoir un effet de somnifère si vous la commander avant le coucher; elle peut aussi apaiser le stress qui vous habite momentanément. Dans ce dernier cas, le sommeil n'accablera pas votre journée; au contraire, vous la vivrez dans la quiétude et la sérénité.

L'énergie ANTI-DOULEUR est utilisée lors d'une situation accidentelle. Dans le cas d'une brûlure, d'une blessure, d'une chute... enfin toutes situations qui font vivre des douleurs physiques.

Je vous le rappelle; c'est un ANTI-DOULEUR. L'élément destructeur et guérisseur ne font pas partie de cette énergie.

L'énergie ANTI-DOULEUR est très efficace pour vous, mesdames, lors de votre cycle menstruel. Vous pourrez éliminer presqu'en totalité la douleur excessive.

En ce qui concerne l'énergie GUÉRISSANTE, elle est valable et efficace, mais les résultats sont plus lents. Pourquoi? L'énergie n'a pas de spécifications précises. L'énergie entre par la glande hypophyse, elle se dirige avec force et puissance à l'endroit affecté. Cette énergie étant guérissante, elle fera son travail. Cependant, son efficacité sera comme un comprimé d'aspirine que vous prenez pour soulager un mal de tête.

Le malaise est le signal qui annonce une autre anomalie dans votre système, par exemple : votre foie fonctionne au ralenti; en prenant un comprimé, vous avez simplement éliminé un malaise et non pas soigné le foie. On utilise cette énergie seulement lorsqu'on ne connaît pas la cause du mal.

Vous prenez, à titre préventif ou par prescription, des comprimés vitaminés ou encore sous une autre forme des compléments de calcium, de potassium, de zinc, de fer, etc. Peu importe, transférez-les en énergie. En la canalisant, vous dirigez l'énergie au système digestif (estomac). Comme un comprimé, elle sera répartie dans votre système.

L'énergie n'étant pas une matière tangible comme un comprimé ou autre, utilisez un aide-mémoire, sinon, la régularité de votre posologie en souffrira. Soyez assuré qu'en énergie, vous avez les mêmes résultats que ceux apportés par une médication à l'équilibre de votre système, à l'appui d'une santé saine et parfaite.

Dans la même catégorie, l'énergie de CAROTÈNE préventive du cancer est excellente. L'énergie RENFORÇANTE DU SYSTÈME IMMUNITAIRE équilibre le métabolisme et le garde en pleine force d'activité. L'énergie ÉCLAIRCISSANTE fluidifie un sang trop épais; elle est à diriger au niveau de l'aorte.

L'énergie RENFORÇANTE DE LA VUE : aide à améliorer votre vue de façon impressionnante. L'énergie de COLLAGÈNE nourrit votre peau. L'énergie d'ARTICHAUT et l'énergie de RADIS-NOIR accélèrent un foie lent.

L'énergie LAXATIVE ou LAXATIVE DOUCE aide si vous avez des problèmes d'irrégularité intestinale. Soyez vigilant, ne faites pas cet exercice dans votre automobile, par exemple, parce que vous serez dans l'embarras.

Pour éliminer une tumeur ou un cancer, canalisez de l'énergie DESTRUCTRICE DES CELLULES CANCÉREUSES à l'organe affecté. Ce genre de traitements demande beaucoup d'implication, soit de cinquante à cent fois par jour afin d'éliminer tous les germes.

Dans ce type de traitement, l'Univers ne peut détruire en une seule tentative toutes les cellules infectées. Répétez le plus souvent possible le dosage d'énergie et vous éliminerez dans un délai très court toute trace de maladie.

Personnellement, je souffre d'excès d'acidité dans mon système. Je canalise de l'énergie DESTRUCTRICE D'ACIDITÉ et mon système reste équilibré. Mon taux de sucre est bas, car j'en mange très peu. J'équilibre mon système en canalisant de l'énergie SUCRÉE.

Voici un exemple pour vous aider à avoir confiance dans ce mécanisme miraculeux : vous arrive-t-il d'avoir les mains et les pieds froids sans raison valable? L'énergie CHAUFFANTE est instantanée, vos extrémités deviendront normales à votre grande surprise. En hiver, vous arrive-t-il d'entrer dans votre lit et de ressentir un froid inconfortable? Alors, réchauffez votre lit par énergie. En quelques secondes, l'endroit où votre corps est allongé deviendra normal et bienfaisant.

Une expérience des plus merveilleuses se présentera sur votre route un jour; il ne tiendra qu'à vous d'utiliser votre énergie. Lorsque vous vous coupez ou que quelqu'un d'autre se coupe et saigne, c'est le moment de canaliser de l'énergie COAGULANTE, c'est instantané. Vous aussi, maintenant, vous possédez un DON, celui d'arrêter le sang, d'éliminer la douleur d'une brûlure, d'un mal de tête, avec l'énergie ANTI-DOULEUR.

Dans l'exemple suivant, la pratique peut être utilisée pour différents maux. Si vous présentiez une excroissance cornée de la peau, communément appelée verrue, et que vous ne connaissiez pas le produit à utiliser, vous iriez chez le pharmacien et vous le consulteriez afin de savoir quel produit brûlerait ou détruirait cette irrégularité. Avec cette information ou encore en connaissant le produit, vous l'utiliserez en ÉNERGIE. Vous constaterez qu'en quelques jours tout aura disparu.

Pour les cors aux pieds, c'est exactement le même principe et les résultats sont concluants.

Lors de guérison d'une plaie, l'énergie CICATRISANTE accélère la guérison, et, selon votre détermination, l'éventualité de traces de cicatrices sera peu probable.

Mesdames, vous vivez à un moment une période appelée MÉNOPAUSE. Des centaines de femmes, suite à une programmation, utilisèrent l'énergie de PRÉMARINE ou de l'énergie de MÉGA et d'OGEN (les deux énergies parce que ce sont deux médicaments [produit américain]). Leur métabolisme ne livre plus les inconvénients des chaleurs excessives et autres conséquences. Beaucoup ont réussi, pourquoi pas vous?

Pour vos enfants, vous pouvez canaliser de l'énergie de CONCENTRATION et d'ATTENTION avant de partir pour l'école ou en début de journée. Ou bien l'énergie CAL-

MANTE lors d'examens. Vous constaterez que leurs notes scolaires s'amélioreront à un rythme remarquable.

L'exercice du «canal énergétique» ne prend que quelques secondes; la répétition régulière et continue est importante. Ainsi, l'AIDE-MÉMOIRE est capital.

SYNTHÈSE DU CANAL ÉNERGÉTIQUE

1. Faites trois grandes respirations et expirations très lentement.

2. Imaginez un rayon puissant entrant pas le centre de votre cerveau. La couleur n'a aucune importance, l'énergie est incolore. Cependant, en visualisant votre rayon avec une couleur, il est plus aisé de le créer en imagination et de tracer sa destination ou d'atteindre son destinataire, si l'objectif concerne une autre personne.

3. La formule du «canal énergétique» est : ESPRIT INFINI, CANALISE-MOI DE L'ÉNERGIE DE ...(nommez le qualificatif). Vous visualisez en même temps votre rayon puissant entrer et se diriger selon votre désir.

   Pour une autre personne, la formule est différente : ESPRIT INFINI, JE CANALISE DE L'ÉNERGIE DE ... (qualificatif) À... (nommez et visualisez cette personne, en imaginant que le puissant rayon est sorti de votre cerveau et entre par la glande hypophyse située au-dessus de la tête de votre bénéficiaire, et se dirige dans son corps à l'endroit de votre intention).

Une recommandation à ne pas oublier doit être soulignée. C'est impératif et de la plus grande importance. J'insiste et je n'insisterai jamais assez! Il existe la loi du RETOUR, c'est-à-dire utiliser votre grand pouvoir de façon constructive et bienveillante, pour vous et pour les autres. Sinon, gare à vous! N'essayez pas de tenter une expérience pour savoir si c'est vrai. Je vous le dis, c'est comme le slogan de *Gestion de Pensée* : «C'est facile et ça marche.»

Les esprits guides

Qu'est-ce qu'un GUIDE ?

Dans l'au-delà, dans le monde éthérique, il ne faut pas croire que les activités manquent. Après avoir fait l'apprentissage d'une nouvelle existence dans son corps éthérique, c'est la découverte des différents lieux accessibles selon notre élévation spirituelle: il faut s'habituer à la magnificence des sites. En toute liberté de choix, nous pouvons vaquer à différentes occupations; toutes les fonctions existent ou presque.

Nous pouvons, selon notre choix, continuer dans la carrière que nous avons occupée sur Terre afin d'améliorer nos connaissances, d'approfondir une démarche entreprise, de perfectionner une activité de loisirs, de faire de la recherche avec les plus grands scientifiques.

Parmi les fonctions existantes, le poste de GUIDE en est une et de notre niveau spirituel dépend le droit d'y accéder. Il faut avoir atteint une grande sagesse.

Les guides ont une puissance magique, une force créatrice réelle pour nous diriger dans nos efforts pour devenir ce que nous voulons être, pour obtenir ce que nous désirons.

L'esprit humain est fondamentalement une étincelle divine. Des esprits bienfaisants brillent de tous leurs feux, projetant des rayons chaleureux d'amour et de bonté.

L'Univers Infini nous comble en nous offrant la possibilité d'avoir des aides immédiates et en quantités illimitées pour nous diriger, nous aider, nous éclairer, nous protéger. Ils se nomment ESPRITS GUIDES.

Il n'y a ni formule, ni méthode, ni énoncé, ni programmation particulière pour avoir recours à nos guides. Il s'agit de s'adresser à eux dans un langage doux et tendre. On ne donne pas un ordre ou un commandement à nos guides. On implore leurs services.

Le meilleur moment pour prendre contact avec nos guides est avant de s'endormir. Les esprits sont constamment en éveil, comme le subconscient, contrairement à nous les humains qui avons besoin d'une période de sommeil pour récupérer physiquement. Vous êtes détendu et vous prenez le temps d'expliquer les objectifs pour lesquels vous désirez leur aide. Vous pouvez vous adresser à eux à toute heure du jour, car ils sont constamment présents autour de vous.

Je vous présente maintenant ce nouveau monde, car il y a plusieurs catégories d'esprits.

Nous avons un esprit GUIDE PROTECTEUR, qui, lui, nous est affecté personnellement. Chacun de nous a son GUIDE PROTECTEUR. Il ne souhaite rien de mieux que de nous aider; l'Univers Infini lui attribue cette fonction. Si nous ne l'occupons pas, il servira tout simplement de guide à quelqu'un d'autre et, jusqu'à maintenant, il a sans doute été au chômage. Imaginez avec quelle ardeur il s'occupera de vous.

Vous conversez avec votre esprit guide comme avec un être cher, en toute simplicité.

«Mes GUIDES ou mon GUIDE BIENFAISANT, trouve-moi la maison idéale que je cherche, présente-moi le vendeur ou l'agent qui s'occupe de cette transaction. Avec son guide, on prépare le vendeur afin qu'il accepte notre offre, celle que l'on peut se permettre suivant notre budget. Le vendeur et moi serons heureux de cette transaction, je te remercie à l'avance».

«ESPRIT BIENFAISANT, je veux que tu conditionnes une attitude compréhensive chez Monsieur Labonté, mon patron. Je convoite l'augmentation de salaire que je mérite, qu'elle me soit accordée avec générosité et satisfaction... ou qu'il m'accorde mes vacances aux dates que j'ai demandées ou que...»

«Cher GUIDE BIENFAISANT, sélectionne et dépêche-moi des clients sérieux et des acheteurs afin que mon chiffre d'affaires augmente. J'ai un besoin urgent de liquidités, je te fais confiance, merci.»

Quand vous avez un besoin urgent ou que votre demande est plus complexe, proposez à votre esprit protecteur de demander l'aide à d'autres guides pour vous assister dans votre démarche.

L'Univers est indéfini et incalculable. Si notre GUIDE BIENFAISANT était seul, cela pourrait demander plus de temps à sa réalisation.

Nous n'avons pas seulement un esprit GUIDE PROTECTEUR dans l'Univers. Nous disposons aussi de guides bienfaisants qui veillent sur nous pour assurer notre réalisation terrestre et notre élévation spirituelle. Vous pouvez recourir à l'intervention d'un guide SPÉCIALISTE pour un but bien précis. Vous demandez simplement à vos guides de vous mettre en contact avec le MEILLEUR GUIDE... médecin, pédiatre, gynécologue, avocat, vendeur ou agent, orateur, mécanicien, électricien etc. Vous vous souvenez : il existe dans le monde éthérique différentes fonctions. Leur secours vous impressionnera, car la façon de se manifester dans la situation exigée verra votre requête aboutir, avec d'heureux résultats.

Des esprits malfaisants ou joueurs de tours peuvent susciter des embûches et créer toutes sortes d'ennuis. Il n'existe aucun rapport entre les esprits aux intentions préjudiciables et le Grand-Tricheur.

Dans ce monde inconnu, il y a aussi des POLICIERS ou GUIDES POLICIERS. Ils sont peu nombreux par rapport au nombre des autres guides.

On fait appel aux guides POLICIERS seulement lorsqu'on vit une PÉRIODE NOIRE. Qu'est-ce qu'une période noire? C'est la suite RAPPROCHÉE de situations malheureuses : accident de voiture, maladie, vol au domicile, perte de son emploi, etc. Dans une période aussi ténébreuse, vous demandez aux guides POLICIERS de venir mettre de l'ordre dans votre vie. Ils sont très efficaces à condition de ne pas abuser d'eux ni de leurs services. Si vous les dérangez dans d'autres circonstances qu'une PÉRIODE NOIRE, premièrement, ils pourraient refuser de vous venir en aide une autre fois, et deuxièmement, ils vous feront payer une facture. Évidemment, vous ne recevrez pas un compte pour services rendus (en provenance d'*Éther*), simplement des imprévus coûteux qui dérangeront votre budget.

Avis aux sceptiques : ne tentez pas une expérience avec les guides policiers pour vous convaincre de l'efficacité de cette dimension. Contactez votre GUIDE PROTECTEUR ou vos GUIDES BIENFAISANTS : leurs intercessions vous persuaderont. Cette théorie est assez révolutionnaire, et pour les incrédules c'est peu plausible.

Cependant, vous n'avez rien à perdre à profiter des services du monde des ESPRITS GUIDES, c'est gratuit et les résultats aussi.

Dans les pages précédentes, je vous conseille de prier pour permettre aux esprits de vos proches de s'élever dans l'astral. Vos guides sont eux aussi des esprits et il est peu probable que ce soit l'un de vos proches. N'oubliez pas les équivalences.

Pourquoi ne pas utiliser toutes les possibilités offertes pour embellir et agrémenter chacune de nos journées?

Formule gagnante

Vous souhaitez avoir un jour la chance de trouver l'occasion unique qui vous enseigne la clé du succès et vous guide vers lui. C'est aujourd'hui votre jour de chance!

Avant d'analyser chacune des mailles qui feront de vos programmations une réussite, examinons le calendrier.

- **But précis** à court et à moyen terme
- Formulation **intelligente**
- Rédaction **brève**
- Conjugaison **au présent**
- Pas de négation
- Association **pensée-émotion**
- Répétition **enthousiaste**
- **Foi** et **confiance**
- **Par écrit**
- Durée : **21 jours**

Beaucoup de gens ne réussissent pas dans la vie, parce qu'ils ne savent pas réellement ce qu'ils désirent. Ils affrontent les événements plus par hasard que par choix.

BUT PRÉCIS

Le but à atteindre s'énonce de manière concrète et détaillée, dans la mesure du possible. UN SEUL BUT par programmation. Cependant, on peut formuler plusieurs programmations en même temps. Faire TROIS programmations semble raisonnable.

Vous êtes en bonne santé et vous voulez le rester; il est judicieux de conditionner votre subconscient à cet effet. Cependant, si vous avez des problèmes particuliers au foie, aux reins, au cœur, etc., peu importe la carence physique, donnez à votre subconscient une précision. Pour un résultat efficace avec la programmation, précisez, selon l'expertise médicale s'il y a lieu, les besoins de corrections auxquelles devra s'attaquer votre subconscient.

Vous cherchez l'amour; vous voulez aimer, être aimé ou vivre un amour partagé ? Précisez en détail le portrait type de l'homme ou de la femme idéale, de votre conjoint, de vos enfants, de tel ami(e) ou collègue de travail... etc. Ne connaissant pas la source de votre requête, vous ne pouvez pas préciser une identification dans votre formule. Donc, cherchez l'être cher, la personne imaginaire, accomplie, merveilleuse et surtout LIBRE, car aujourd'hui, inutile de vous dire que dans les mœurs actuelles, notre moralité est assez libertine.

FORMULATION INTELLIGENTE

Les gens intelligents ne sont pas toujours heureux. C'est parce qu'ils n'ont pas appris à utiliser leur intelligence pour s'adapter à la vie. Ils deviennent victimes de leur ignorance et esclaves de leurs émotions. Ce n'est pas l'intelligence qui fait défaut, mais le mauvais usage qu'on en fait.

Voici quelques exemples qui vous feront comprendre combien il est important de fournir à votre subconscient des données d'une grande lucidité.

Vous programmez l'acquisition d'une maison. Les directives à formuler à votre subconscient sont précises: style de maison, familiale, duplex ou appartement, environnement avec cours d'eau, un lac ou pentes de ski, ou en plein centre-ville, dans un tel quartier ou telle région et, le plus important, en rapport avec votre budget actuel et avec vos obligations futures (taxes, entretien, assurances, achat d'équipements, etc.).

Ne convoitez pas une maison dans un quartier huppé, aux conditions disproportionnées à vos finances. Votre déception sera telle que vous perdrez toute motivation pour d'autres programmations. Visez JUSTE et soyez HONNÊTE dans vos ambitions afin qu'elles soient réalisables.

Vous programmez votre vie amoureuse, vous inondez votre démarche de tant de qualités que même la perfection serait intimidée face à un tel personnage. La perfection n'existe pas, pourquoi alors la dicter à votre subconscient?

Placez en priorité certaines qualités que vous désirez que l'inconnu chéri possède, et acceptez dès maintenant que certains défauts en fassent également partie, tout comme vous d'ailleurs. Êtes-vous parfait ?

Pour un emploi, n'aspirez pas à un idéal impossible. Vous ne pouvez convoiter un poste de direction avant d'avoir la compétence nécessaire. Bien souvent, avant d'atteindre la direction, il y a des étapes à franchir; donc analysez la situation et visez une étape à la fois. Le processus peut se faire rapidement, mais étape par étape. Ainsi, vous ne pourrez pas être embauché comme médecin sans un doctorat, ou être chorégraphe pour une compagnie de danse si vous n'avez aucune notion de cet art.

Analysez chacune de vos ambitions intelligemment, soyez honnête et loyal envers vous-même. Vous reconnaîtrez ce que vous devez ou ne devez pas demander à l'Univers Infini.

RÉDACTION BRÈVE

Pourquoi brève? Parce qu'on doit les écrire, les lire plusieurs fois par jour et souvent vous aurez plusieurs programmations concernant différents objectifs en même temps. Si vous devez investir beaucoup de temps pour vous programmer, vous laisserez tomber votre clef de la victoire.

Vous devez réaliser que vous êtes le seul à pouvoir utiliser de façon efficace ce mécanisme automatique que vous possédez. La prise en main de votre subconscient ne dépend que de vous.

CONJUGAISON AU PRÉSENT

Écrivez votre dictée au présent, comme si vous aviez déjà acquis, atteint votre objectif, reçu votre requête ou que votre souhait le plus cher s'était déjà réalisé.

Comme c'est votre imagination intelligente qui crée votre désir le plus cher, elle sait exactement ce que vous chérissez comme ambition. Vous ne rêvez plus.

PAS DE NÉGATION

Plusieurs recherches ont démontré que le subconscient n'enregistre pas une négation. Dans vos formules, si vous utilisez des négations, vous obtiendrez des résultats contraires à vos désirs.

Si vous formulez : «Je ne fume plus», il note «Je fume» Vous devez dire : «J'ai cessé de fumer, je déteste le goût de la cigarette, mes poumons ont horreur de se faire «emboucaner», etc. Si vous avez un problème d'alcool, vous dites : «Je déteste le goût de la bière, du vin ou du scotch», selon la préférence, au lieu de dire : «Je ne boirai plus de ...»

ASSOCIATION PENSÉE-ÉMOTION

En vivant de l'émotion dans la lecture de nos programmations, nous renforçons les ordres que nous transmettons à notre subconscient.

Bien sûr, vous avez des problèmes, mais vous avez en main d'excellents outils pour améliorer votre situation. La résolution à prendre dès à présent est de permettre à votre subconscient de fonctionner à pleine capacité.

RÉPÉTITION ENTHOUSIASTE

Vous conjuguez votre programmation au présent, c'est-à-dire comme si vous aviez déjà atteint le but désiré. La réussite sur le plan santé, émotionnel, spirituel ou matériel se réalise, et c'est avec exaltation que vous partagerez votre succès avec votre entourage le moment venu, n'est-ce pas?

Nous devons relire nos programmations quelques fois par jour, c'est-à-dire au moins trois fois. Si en relisant votre ou vos messages, vous avez une distraction, l'émotion et l'enthousiasme ne font plus partie des directives prescrites. Vos résultats sont enclins à être moins concluants. Je n'ai pas dit que vous n'obtiendrez pas de résultats, j'ai dit moins concluants, ou moins rapidement.

Si vous ne lisez qu'une fois vos programmations c'est très valable. Mais pour que votre subconscient enregistre très bien vos données avec toutes les caractéristiques décrites, ne prenez pas de risques. En le faisant trois fois par jour, c'est raisonnable.

N'insistez pas non plus auprès de votre subconscient en lisant vos messages une vingtaine de fois.

AVEC FOI ET CONFIANCE

L'habitude d'exercer notre foi en nous-mêmes, de nous sentir conscients de posséder une plus grande habileté et plus de puissance, a une extraordinaire influence pour élargir et développer nos facultés mentales. Notre foi en nous-mêmes est rarement assez grande pour tirer partie de nos ressources latentes.

Pour que la foi et la confiance grandissent en vous et deviennent une force incontestable dans votre attitude de gestion de pensée, commencez par des objectifs simples et réalisables à court terme.

PAR ÉCRIT

Voici quelques directives concernant la façon de rédiger vos programmations.

A) En écrivant votre message, filtrez vos données et assurez-vous que votre vision est telle que vous le souhaitez.

B) Utilisez **intelligemment** votre imagination pour éviter le mécontentement.

C) Votre composition sera brève.

D) Évitez les négations.

E) Gardez exactement «la même» programmation écrite de sorte que votre subconscient reçoive toujours les mêmes données sans risque de confusion.

En respectant ces cinq points et en ne dérogeant pas de cette ligne de conduite, vous avez la recette la plus extraordinaire.

DURÉE DE 21 JOURS

Votre conjoint psychologique ou subconscient a besoin d'un maximum de 21 jours pour capter un message et il en est de même pour la réalisation. Cette dernière varie d'une programmation à une autre selon la complexité du problème à résoudre.

Vous devez, à moins d'avoir obtenu le résultat désiré avant les 21 jours, lire régulièrement votre ou vos programmations à votre subconscient pendant les 21 jours consécutivement.

Afin d'éviter toute erreur possible dans le nombre de journées, parce qu'on ne doit pas insister auprès de son subconscient, écrivez la date de la dernière journée de programmation.

Lisez cette partie très attentivement et la relisez-la s'il le faut.

Si, malheureusement, vous oubliez de vous programmer pendant un seul jour, ARRÊTEZ et vous recommencerez dans trois mois. Ne harcelez pas votre subconscient, vous le troublerez si vous excédez 21 jours, ou si ceux-ci ne sont pas consécutifs.

Aussi ne trichez pas, soyez honnête, ne prenez pas votre subconscient pour un imbécile en composant une programmation similaire à une autre dans un vocabulaire différent. Ne soyez pas stupide au point de vouloir duper un monde parfait, celui du subconscient.

Exemples de formules gagnantes

L'erreur à éviter, c'est la récitation mécanique de formules, sans l'élan du cœur

Enfin, nous voilà à l'étape de la formule gagnante, recette extraordinaire de réussite.

Lisez et relisez les explications de la formule afin de bien remplir toutes les indications pour réaliser vos ambitions et atteindre vos buts avec exactitude.

Cependant, dans les exemples qui suivent, il est indiqué également «programmation instantanée». Ce sont des formules de protection et de rencontres. Ce genre de programmations peut se pratiquer tous les jours.

Évidemment, au début, vous les lirez avant d'avoir mémorisé les situations instantanées. Après, ce ne sera plus nécessaire de lire car la composition du sujet varie. En prenant connaissance de leur contenu, vous verrez la différence entre une programmation de 21 jours et une programmation instantanée.

Interprétation de la formule

ESPRIT INFINI

On identifie la puissance qui reçoit nos consignes. C'est le divin en nous, c'est l'univers incommensurable, c'est l'amour éternel, c'est le Dieu de nos croyances.

COUVRE

Il est très important de respecter ce mot, car en le lisant vous le visualisez, et quand on dit «couvre» (définition du *Petit Robert* : garnir en disposant quelque chose au-dessus), c'est au-dessus de la personne ou de l'objet, maison, auto, projet, contrat, etc., seulement au-dessus.

DE TON DÔME

Un dôme, c'est une coupole, je vulgarise ce mot en vous le décrivant comme un bol à l'envers.

BLANC

On imagine le dôme d'un blanc pur, lumineux, éclatant, brillant pour toute programmation correspondant à l'être humain, soi-même ou une autre personne. Pour le végétal : plante, jardin et animal : chat, chien et autres.

ROUGE

On imagine le dôme d'un rouge flamboyant, étincelant, vif, brûlant, pour toute programmation correspondant à la matière, maison, projet, contrat, etc.

PHRASE CONCLUANTE

Pas besoin d'explication sur ce texte car le vocabulaire employé est explicite et précis. Vous devez toujours conclure vos formules avec ce propos. C'est votre protection garantie pour éliminer le négatif.

DATE

Vous indiquez toujours la date de la 21e journée, ainsi vous n'aurez pas à recompter plusieurs fois le nombre de jours que vous vous programmez.

Surtout, **N'INSISTEZ PAS!** C'est vingt et un jours, et s'il y a un oubli, ne recommencez pas, mais faites une période d'attente de trois mois.

FORMULES DE PROGRAMMATION

Esprit infini, couvre — spécifiez la personne, la matière ou la nature — de ton dôme (blanc pour les personnes, les animaux et les végétaux, et rouge pour la matière).

Supprime le négatif des esprits visibles et invisibles. Que ce soit fait d'une façon parfaite, selon le plan divin. Merci.

Date de la 21e journée.

AMOUR

Esprit infini, couvre-moi de ton dôme blanc. Je rencontre l'homme idéal pour partager ma vie. Il est célibataire, libre, travailleur, beau, grand, sportif, affectueux, honnête, etc.; il est à ma recherche, nos routes se croisent, nous nous aimons.

Supprime le négatif des esprits visibles et invisibles. Que ce soit fait de façon immédiate et parfaite, selon le plan divin. Merci.

Date de la 21e journée.

DÉCULPABILISATION

Esprit infini, couvre-moi de ton dôme blanc, enlève-moi le poids de la culpabilité et redonne-moi la paix intérieure. Que toutes les personnes que j'ai blessées m'accordent leur pardon, leur miséricorde et leur amour dans ton sein infini.

Supprime le négatif des esprits visibles et invisibles. Que ce soit fait de façon immédiate et parfaite, selon le plan divin. Merci.

Date de la 21e journée.

PARDON

Esprit infini, couvre-moi de ton dôme blanc. Je pardonne à (________) (nom de la personne et nature de la rancœur). J'oublie (__________) (préciser la situation). Je suis maintenant libéré des angoisses de la rancune. Je lui offre mon (amitié, amour, cœur, sollicitude, etc.)

Supprime le négatif des esprits visibles et invisibles. Que ce soit fait de façon immédiate et parfaite, selon le plan divin. Merci.

Date de la 21e journée.

COMMUNICATION

Esprit infini, couvre-moi de ton dôme blanc. Tu développes mon sens des communications de façon extraordinaire. Je m'exprime bien et de façon précise. J'ai confiance en moi.

Supprime le négatif des esprits visibles et invisibles. Que ce soit fait de façon immédiate et parfaite, selon le plan divin. Merci.

Date de la 21e journée.

SANTÉ

Esprit infini, couvre-moi de ton dôme blanc. Donne-moi le calme et la compréhension devant les situations stressantes. Ainsi, j'élimine le stress et mes maux de dos ont disparu. Je suis calme et je ressens le bonheur de vivre.

Supprime le négatif des esprits visibles et invisibles. Que ce soit fait de façon immédiate et parfaite, selon le plan divin. Merci.

Date de la 21e journée.

SANTÉ (GUÉRISON)

Esprit infini, couvre-moi de ton dôme blanc, ouvre la voie de la guérison. Redonne à (mon foie, mon estomac) la santé afin que (mon système digestif) reprenne avec vigueur ses fonctions normales.

Supprime le négatif des esprits visibles et invisibles. Que ce soit fait de façon immédiate et parfaite, selon le plan divin. Merci.

Date de la 21e journée.

SANTÉ (ALLERGIES)

Esprit infini, couvre-moi de ton dôme blanc. Je suis en parfaite santé. Ma fièvre des foins est éliminée. Mon système immunitaire réagit de façon positive aux microbes infectieux. Mes poumons filtrent aisément l'air que je respire.

Supprime le négatif des esprits visibles et invisibles. Que ce soit fait de façon immédiate et parfaite, selon le plan divin. Merci.

Date de la 21e journée.

SOMMEIL ET INSOMNIE

Esprit infini, couvre-moi de ton dôme blanc. Je m'endors d'un sommeil profond et réparateur afin de mieux régénérer mon corps et mon esprit. Je dors bien et je me repose calmement. À mon réveil, je suis en très grande forme et je déborde d'énergie.

Supprime le négatif des esprits visibles et invisibles. Que ce soit fait de façon immédiate et parfaite, selon le plan divin. Merci.

Date de la 21e journée.

ABANDON DE LA CIGARETTE

***RECOMMANDATION** : Placez à différents endroits stratégiques (pharmacie, réfrigérateur, porte d'entrée, porte du placard, tableau de bord de la voiture...) seulement la date définitive, votre subconscient enregistrera cette date à chaque fois que vous la regarderez.*

Esprit infini, couvre-moi de ton dôme blanc. Élimine en moi le goût de la nicotine. L'habitude de fumer a disparu. Je cesse de fumer. Cette date définitive est le __________.

Supprime le négatif des esprits visibles et invisibles. Que ce soit fait de façon immédiate et parfaite, selon le plan divin. Merci.

Date de la 21e journée

ABANDON DE L'ALCOOL

Esprit infini, couvre-moi de ton dôme blanc. Élimine en moi le goût de l'alcool. Ma santé est excellente. Ma vie familiale et sociale sont en parfaite harmonie.

Supprime le négatif des esprits visibles et invisibles. Que ce soit fait de façon immédiate et parfaite, selon le plan divin. Merci.

Date de la 21e journée

PROTECTION DU DOMICILE

Esprit infini, couvre ma maison de ton dôme rouge. Protège-la des incendies, des cambriolages, du vandalisme, des inondations, etc.

Supprime le négatif des esprits visibles et invisibles. Que ce soit fait de façon immédiate et parfaite, selon le plan divin. Merci.

Programmation instantanée (sans date).

PROTECTION SUR LA ROUTE

Esprit infini, couvre mon auto de ton dôme rouge. Protège mon véhicule des accidents, des bris mécaniques, des crevaisons et rend mon auto invisible à l'œil vigilant des policiers.

Supprime le négatif des esprits visibles et invisibles. Que ce soit fait de façon immédiate et parfaite, selon le plan divin. Merci.

Programmation instantanée (sans date).

DEMANDE D'EMPLOI PERSONNELLE

Esprit infini, couvre-moi de ton dôme blanc. Je trouve un emploi me permettant l'utilisation maximale de mes ressources. Mon salaire est satisfaisant compte tenu de mes obligations.

Supprime le négatif des esprits visibles et invisibles. Que ce soit fait de façon immédiate et parfaite, selon le plan divin. Merci.

Date de la 21e journée

AFFAIRES

Esprit infini, couvre mon entreprise _______________ (nom du commerce) de ton dôme rouge. Ouvre-lui la voie de la réussite et de la fortune. Le volume de ma clientèle augmente. Les affaires sont excellentes. J'ai de plus en plus de succès.

Supprime le négatif des esprits visibles et invisibles. Que ce soit fait de façon immédiate et parfaite, selon le plan divin. Merci.

Programmation instantanée (sans date).

RENCONTRES D'AFFAIRES

Esprit infini, couvre-moi de ton dôme blanc. Ma rencontre avec _____________ (nom de la compagnie) est couronnée de succès. Mes arguments sont convaincants et mon charisme irrésistible.

Supprime le négatif des esprits visibles et invisibles. Que ce soit fait de façon immédiate et parfaite, selon le plan divin. Merci.

Programmation instantanée (sans date). Ne précisez la date que si le rendez-vous a été fixé.

PROJET

Esprit infini, couvre mon projet d'achat de maison de ton dôme rouge. Elle est située à (nom de la ville ou région) dans (précisez le type d'environnement). Les conditions de la transaction sont conformes à ma capacité financière.

Supprime le négatif des esprits visibles et invisibles. Que ce soit fait de façon immédiate et parfaite, selon le plan divin. Merci.

Date de la 21e journée

PROJET DE VOYAGE

Esprit infini, couvre mon désir de faire (précisez type de voyages) de ton dôme rouge. L'occasion rêvée se présente à moi, et j'en profite au maximum. Je réénergise ma santé physique et morale. Ce sont des vacances extraordinaires.

Supprime le négatif des esprits visibles et invisibles. Que ce soit fait de façon immédiate et parfaite, selon le plan divin. Merci.

Date de la 21e journée

ÉTUDES

Esprit infini, couvre __________ (nom) de ton dôme blanc. Il est studieux, son intérêt pour ses études lui donne satisfaction. Ses résultats scolaires sont encourageants.

Supprime le négatif des esprits visibles et invisibles. Que ce soit fait de façon immédiate et parfaite, selon le plan divin. Merci.

Date de la 21e journée

CARACTÈRE

Esprit infini, couvre ___________ (nom de la personne) de ton dôme blanc. Son caractère s'assouplit. Ses relations avec _______________ (noms d'amis, amies) sont harmonieuses. Il est calme et détendu.

Supprime le négatif des esprits visibles et invisibles. Que ce soit fait de façon immédiate et parfaite, selon le plan divin. Merci.

Date de la 21e journée

AMOUR DE SOI

Esprit Infini, couvre-moi de ton dôme blanc. Je m'aime, je m'accepte tel que je suis. Je suis merveilleux. Je suis une personne unique. Je suis en paix avec moi-même et avec les autres.

Supprime le négatif des esprits visibles et invisibles. Que ce soit fait de façon immédiate et parfaite, selon le plan divin. Merci.

Date de la 21e journée

OBSTACLE À SURMONTER

Esprit Infini, couvre-moi de ton dôme blanc. En respect pour moi-même, j'agis rapidement face aux situations de ma vie. J'utilise immédiatement mes pouvoirs de la gestion de la pensée. Je suis une personne extraordinaire.

Supprime le négatif des esprits visibles et invisibles. Que ce soit fait de façon immédiate et parfaite, selon le plan divin. Merci.

Date de la 21e journée

SENTIMENT DE NE PAS ÊTRE AIMÉ PAR SES PARENTS DURANT SON ENFANCE

Esprit Infini, couvre-moi de ton dôme blanc. Je pardonne à ma mère ou à mon père la façon dont il ou elle m'a aimé. J'accepte le vide d'amour de mon enfance. Je lui offre mon amour inconditionnel.

Supprime le négatif des esprits visibles et invisibles. Que ce soit fait de façon immédiate et parfaite, selon le plan divin. Merci.

Date de la 21e journée

PARDON MÈRE BIOLOGIQUE

Esprit Infini, couvre-moi de ton dôme blanc. Je pardonne à ma mère biologique de m'avoir abandonné. Je guéris mon âme des plaies de mon passé face à cet événement. J'accepte le vide d'amour de mon enfance. Merci à ma mère de m'avoir donné la vie.

Supprime le négatif des esprits visibles et invisibles. Que ce soit fait de façon immédiate et parfaite, selon le plan divin. Merci.

Date de la 21e journée

ÉMOTION INTENSE DE RUPTURE AMOUREUSE (DIVORCE)

Esprit Infini, couvre-moi de ton dôme blanc. J'élimine le ressentiment qui s'est refoulé en moi au fil des années de notre union. Je suis maintenant libéré du passé, je suis comblé. J'accepte la situation, je lui pardonne. Je lui offre mon amitié.

Supprime le négatif des esprits visibles et invisibles. Que ce soit fait de façon immédiate et parfaite, selon le plan divin. Merci.

Date de la 21e journée

REJET FACE À UNE RUPTURE AMOUREUSE

Esprit Infini, couvre-moi de ton dôme blanc. Je pardonne à ____________ (nom de la personne) pour sa décision de rupture. J'élimine le ressentiment causé par cette déception amoureuse. J'accepte la situation, ma santé psychique reprend avec vigueur son équilibre. Je m'aime, je suis en paix avec moi-même.

Supprime le négatif des esprits visibles et invisibles. Que ce soit fait de façon immédiate et parfaite, selon le plan divin. Merci.

Date de la 21e journée

PEURS FACE À L'AMOUR

Esprit Infini, couvre-moi de ton dôme blanc. J'élimine mes peurs face à l'amour causées par les déceptions et les événements passés. J'accepte l'amour de mon nouveau partenaire de vie. J'ouvre mon cœur et je me laisser aller. Je guéris mon âme des plaies de mon passé. J'accepte d'être heureux (heureuse).

Supprime le négatif des esprits visibles et invisibles. Que ce soit fait de façon immédiate et parfaite, selon le plan divin. Merci.

Date de la 21e journée

ACCEPTATION DE LA PART DE L'ENFANT FACE À UNE NOUVELLE RELATION DES PARENTS SÉPARÉS

Esprit Infini, couvre-moi de ton dôme blanc. Il ou elle (nom de l'enfant) accepte __________ (nom du partenaire). Ses relations avec lui ou elle se font dans la paix et l'harmonie. Il ou elle accepte le partage d'amour de sa mère (père). Il ou elle est heureux (heureuse) et épanoui (épanouie). Nous sommes heureux.

Supprime le négatif des esprits visibles et invisibles. Que ce soit fait de façon immédiate et parfaite, selon le plan divin. Merci.

Date de la 21e journée

SURPROTECTION DE LA PART DU CONJOINT (POSSESSIF)

Esprit Infini, couvre-moi de ton dôme blanc. Élimine la surprotection de ___________ (nom de la personne). Il ou elle a confiance en moi, me donne mon espace, me laisse être moi-même en me donnant la liberté de choix dans mes décisions. Je suis heureux (heureuse) et épanoui (épanouie).

Supprime le négatif des esprits visibles et invisibles. Que ce soit fait de façon immédiate et parfaite, selon le plan divin. Merci.

Date de la 21e journée

Un merci spécial à Danielle Paquet pour sa généreuse collaboration sur les programmations.

La descendance

Avant la fécondation d'un enfant, en général, un couple se consulte, se prépare à ce grand événement qui est de donner la vie. Finalement réunis dans leurs pensées, ils procèdent.

Le grand rôle de la future maman commence à se jouer dès le début. Elle pense à la préparation prénatale, à l'alimentation, aux exercices, aux préparatifs et j'en passe. Tout cela est un complément.

En vérité, le plus important se manifeste par la GESTION DE LA PENSÉE. L'enfant qui se forme en elle reçoit toutes les vibrations émises par la pensée, et même les plus intimes. Toute la période de gestation est alimentée jour après jour par les pensées qui lui sont transmises.

L'enfant récoltera tous les bienfaits des pensées d'amour, heureuses, de paix, de calme, de générosité de la future mère. Il se sentira le bienvenu dans notre monde.

Par contre, si la future mère est en combat continuel avec elle-même, si elle a une vie de couple orageuse et qu'elle est loin de se préoccuper du fœtus, si elle a des angoisses, des craintes, si elle vit des querelles, l'aventure de l'indésiré sera terrible dans le sein maternel. Plus encore, il aura à subir ces conséquences durant toute sa vie. Son psychique, et dans certains cas son physique, gardera les marques d'une grossesse mal accueillie.

Le plus dramatique, c'est la future maman qui se remet toujours en question dans les premiers mois. À savoir si elle accouchera à terme ou se fera avorter. Ce petit être innocent devient l'enjeu d'un désir perturbé de la mère d'avoir ou non un enfant. C'est un cauchemar que vit en elle ce germe de vie et qui, malheureusement, n'a aucun pouvoir décisionnel; il subit, un point, c'est tout.

Un jour, une amie se trouve confrontée avec l'évidence de la nature, elle est enceinte. Le combat commence : oui ou non gardera-t-elle l'enfant? Sur les recommandations sévères de la mère et de la belle-mère, elle accepte de vivre l'événement jusqu'au bout. Dans son cœur, c'est livrer la marchandise.

Sans aucun souci particulier pour ce petit ange, elle travaille sans relâche, fume, consomme de l'alcool raisonnablement. Elle ne vivait aucune responsabilité vis-à-vis de l'enfant. C'est lui qui devait se battre dans le brouhaha des pensées et dans l'attitude de sa mère. Elle pensait et disait : s'il veut vraiment naître, qu'il s'adapte maintenant au dur combat de la vie. Il doit livrer cette bataille dès maintenant. Elle disait que s'il arrivait, cette affaire-là voulait vivre.

Durant toute la grossesse, elle n'attendait pas un enfant, c'était «une affaire». Cette affaire-là prenait son corps, cette affaire-là l'empêchait de porter des vêtements sexy; après quelques mois évidemment, cette affaire-là limiterait ses sorties; enfin, cette affaire-là l'obligerait à changer sa vie.

Aujourd'hui, tout a changé, elle est contente, elle a eu un deuxième enfant. Cette fois, ce n'était pas «une affaire», bien qu'elle ait vécu une grosse remise en question au début de la grossesse.

Enfin, l'enfant est venu au monde en bonne santé et il était très beau, sans aucune malformation physique. Je regarde aujourd'hui ce petit ange; il souffre d'asthme, il a un vilain caractère malgré son jeune âge, sans compter une pluie de détails aussi bénins les uns que les autres. Cela peut évidemment arriver aussi à d'autres enfants dont la grossesse de la mère ne peut être la cause.

Beaucoup de séquelles ont marqué ce petit être sans que lui-même ait pu décider du sort qui l'attendait au niveau de son enfantement. Toute sa vie, il devra composer et apprendre à *dealer* avec un sentiment de rejet, qu'il vit et auquel il réagit déjà. Son côté émotionnel est déjà perturbé avant même d'avoir commencé à comprendre ce qu'est une émotion. Le père de l'enfant avait un comportement différent. Pour lui, la venue d'un bébé était plus une police d'assurance préventive à une future séparation. Tendresse et amour n'étaient pas les éléments vibratoires des plus apparents dans le couple.

Vous avez pu comprendre les effets de la pensée de la mère sur son enfant. Celles du père ont aussi une grande importance. Chaque pensée émet une vibration. L'enfant, comme la mère, reçoit automatiquement ces vibrations. Il est inutile de développer comment la qualité des pensées de l'heureux futur papa influence la vie du bébé.

Voici des renseignements communiqués par Hedy Debra. Dès notre naissance, nous sommes soumis à des influences. Un enfant pourrait voir son avenir complètement perturbé à cause des neuf mois de la gestation. Il peut s'agir tout autant d'un retard de croissance que de désagréments physiques ou psychologiques.

Dans l'Égypte ancienne, on a découvert que le pied était le support qui permettait d'agir sur l'ensemble du corps tout entier. Les pieds reflètent aussi les expériences prénatales en rapport avec tous les traumatismes subis par la mère. En intervenant sur la zone appropriée du pied, on peut donc traiter tout désordre organique ayant un lien direct avec la gestation.

En utilisant la technique de la métamorphose, des blocages disparaissent, une nécessité d'action se fait jour, des douleurs latentes s'évanouissent et de graves handicaps s'en vont. Des enfants voient, par exemple, leur bégaiement s'en aller. Il y a comme une libération du corps, une impression de légèreté. Même le visage se met à changer, les traits s'épanouissent.

Dans les ateliers de *Gestion de la Pensée*, nous proposons un «décodage» du subconscient pour éliminer toutes les entités négatives vécues depuis la conception. Ce qui en somme est une métamorphose du subconscient. Ce décodage est tellement puissant qu'il fait vivre des effets secondaires de toutes sortes telles que : certains petits malaises physiques, nuits agitées, nuits cauchemardesques, fatigues excessives, attitudes dépressives, etc. C'est une des grandes raisons pour laquelle il est toujours préférable de se décoder en étant sous le patronage d'un animateur, qui apportera son soutien le cas échéant.

Avant de prendre une décision irréfléchie pour la procréation, assurez-vous de bien gérer votre cœur et surtout vos pensées.

Conclusion

En considérant le pouvoir de l'esprit comme la seule et unique clé de réussite, vous serez gagnant.

S'il y avait un doute, «ça va peut-être marcher, peut-être pas», COUPEZ NET ou ANNULEZ, c'est encore le Grand-Tricheur qui se manifeste, et faites l'effort nécessaire à l'entraînement de votre esprit conscient.

Une vie merveilleuse, remplie de bonheur et de chances à saisir vous attend. Elle repose au fond de vous.

Faites de cet ouvrage «le livre de votre vie»; révisez régulièrement les différentes étapes à suivre. Ce sera l'aphrodisiaque de votre nouvelle vie.

Pour informations :

Livres
Cassettes vidéos
Séance d'information gratuite
Atelier et formation
Conférences

Canada : *Gestion de la Pensée*
Pierre Alain
Tél. / Fax : (514) 523-3148

Belgique : *Espace Communication*
Chantal Godefroid
Tél. : 02-770-7465
Fax : 02-770-8979

Suisse : *Transat*
Christiane Mülhauser
Tél. : 022-342-7740
Fax : 022-343-4646

France : *Gestion de la Pensée*
André Coulaud
Tél. : 05 61 76 79 49

Brésil : Zénaide Moret
Tél. : 07 19 73 67 98

Bibliographie

Orison, Swett Marden, *Les miracles de la pensée*, Paris, éd. Jeheber.

Girard, Serge, *Message de l'au-delà,* Montréal, éd. J.C.L., 1990.

Banks, Murray Dr., *Arrêtez la terre de tourner, je veux descendre,* Saint-Hubert, éd. Un monde différent, 1992.

Milot, Pierre H., Ph.D., *Québec en santé,* 1993.

Bordeleau, Gilles A., N.P., *La médecine naturelle des hommes,* éd. Fremontel.

Prémont, Henri, *Cap sur la chance*, éd. de Mortagne, 1993.

Urantia Fondation, *The Urantia Book*, éd. Urantia Fondation, 1990